森川友義
TOMONORI MORIKAWA

恋愛・結婚でうまくいっている人の5つの習慣

行列ができる恋愛学講座で教える
「大人女子」のためのレッスン

徳間書店

「周りの同じ年代の女性の生活が充実しているのを見ると、『このままでいいのかな』と不安に思う」
「今さら〝自分磨き〟にはげむことに抵抗を感じる」
「キャリアで勝負するにはまだ少し経験が足らず、焦りを感じている」
本書は、今そういう思いを抱えている女性たちが、思い通りの毎日を過ごせるようになるために書きました。

もちろん、現状の生活にとくに不満はなく、単純に「魅力的な大人の女性になれたらいいな」と感じている人にも手にとっていただけることは光栄なことです。
ですが、「今の自分を変えたい」と感じている人には、もっと〝耳よりな話〟だと思っています。なぜなら、先の見えない漠然とした不安やモヤモヤした気持ちを感じているタイミングこそ、今の自分を変えるチャンスだからです。

今の自分をより魅力的な女性に変えるキーワードは「気づき」です。

恋愛のこと、仕事のこと、お金のこと、人間関係のこと——私たちの日常生活では、さまざまなシーンで「気づき」があります。
問題は、「気づき」があるかないかではなく、その「気づき」をどんなふうに今の自分に活かしていくことができるか、ということ。せっかく大切な「気づき」を得ても、それを存分に活用することができなければ〝宝の持ち腐れ〟になってしまいかねません。

しかも、人生のどの時期に「気づき」があるかも、じつは大切なポイントです。学生の頃の「気づき」は、まだ心と身体に受け入れるだけの準備がともなっていないことが多く、反対に、人生の終盤になってようやく「気づき」があっても、すでに自分のなかでものの考え方や行動がパターン化してしまっているため、変えることがなかなか難しいのも事実です。

私が考える、「気づき」を活かせるベストなタイミングは、20代後半あたりから50代にさしかかる時期までだと考えています。

この時期は、さまざまな新しい出会いがあり、いろいろな経験を通じて、自分自身と向き合って考えることができる貴重なときです。新しいことを受け入れられる素直さと柔軟な心を持ち、少しずつ自分の頭でジャッジメントすることができるようになる頃でもあります。

そんなときに、たったひとつでも「気づき」があるかどうか、その「気づき」

を活かせるかどうかで、その後の生き方は大きく変わることもあるのです。

たとえば、結婚のこともそうです。

現在、婚活中で「幸せになるために、理想の結婚をしたい」と考えている人がいるかもしれません。ですが、「結婚＝幸せ」だけとは限らないことに気づくと、今この瞬間から自分を受け入れ、幸せを感じることができるようになります。

というのも、あなたの人生は結婚してもしなくてもあなたのものであり、あなたが「幸せになりたい」と願う気持ちには、これからも変わりはないはずだからです。

「ひとりで生きてきた人生だけれど、今は彼と一緒に過ごしていきたいと思う。幸せになりたい気持ちは変わらないけれど、一緒に幸せになる人ができた」と感じることができたら、年齢を重ねていくことも怖くなくなると思いませんか？

さあ、今日から自分を後回しにするのはやめ、もっと自分を大切にしましょう。

自分を最優先に考えましょう。

本書では、「知る」「捨てる」「変える」「磨く」「試す」という5つの角度から、さまざまな「気づき」のヒントをご紹介しています。

たくさんのティップスのなかから、たったひとつでもあなたにフィットした「気づき」を見つけることができ、考え方や行動に影響を与えることができたら、著者としてこれほどうれしいことはありません。

自分を変えることは、今日からだってできます。これまでの自分を「リセット」してゼロにするのではなく、「リニューアル」して新しい魅力をプラスしていきましょう！

目次
CONTENTS

CONTENTS

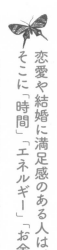

LESSON 2 捨てる

捨てたほうが楽になる
「習慣」と「思い込み」

CONTENTS

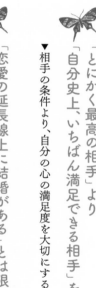

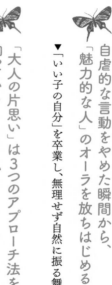

CONTENTS

LESSON 3 変える

苦しむことなく自分が変わる「考え方」と「行動」

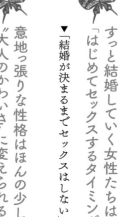

CONTENTS

LESSON 4

磨く

周りに惑わされることなく、〝自分らしさ〟に磨きをかける

CONTENTS

CONTENTS

LESSON

1

知る

幸せをつかむ人だけが知っている
「大人の魅力」の正体

「薬指」と「人差し指」の長さから、自分の恋愛力の高さがわかる

「恋愛力」という言葉を聞いたことがある人は多いと思います。

恋愛力とは文字通り、恋愛をする力のこと。「恋愛力の高い女性」と聞いてイメージするのは、なぜかいつも周りの男性からチヤホヤされ、華やかな恋愛をしているような、いわゆる「モテる人」ではないでしょうか。

この恋愛力について、20代までと30代からは大きく異なることを意識する必要があります。

私の考える**大人の「恋愛力の高い女性」は、不特定多数の男性からモテる人ではありません。**恋愛経験の浅い、若い頃なら不特定多数の男性からチヤホヤされるのもうれしいことかもしれませんが、大人の恋愛では、二人の未来を描けないような男性を相手にしている時間と心の余裕はないはず。

つまり、自分の納得した相手と思い通りの恋愛ができることが、大人の「恋愛力の高い女性」と言えるのです。**「この人でよかった」と満足できるような相手との恋愛を、自分がイニシアティブをとって楽しむことができること。それこそ**

が大人の「恋愛力の高い女性」ではないでしょうか。

ただし、気をつけたいのが**「恋愛力が高い＝自分からガツガツと男性を狩りに行く力がある」ということではない、**という点です。

恋愛の主導権を握るということは、力ずくで相手をねじ伏せることではありません。相手のほうからあなたに振り向くようにさせること。気がつけば**「いつのまにか、彼はあなたに夢中になっていた」という状況を自然につくることができる、という形が理想**でしょう。

ここを勘違いしていると、「自分では恋愛力が高いと思っているのに、実際には恋愛とは縁遠い人」になってしまうのです。**「20代の頃は人並みに恋愛もした。それほどモテないタイプでもないと思っている。それなのに30代になって恋愛とはすっかりご無沙汰になってしまったのはなぜだろう」という人は、大人の恋愛力の定義をここで正しく知っておく**ことが大切です。

ちなみに、「最近は男らしい人や、頼もしい大人の男性がいない」「男性がしっかりしていないせいで、私たち女性が頑張らなくてはいけない」といったことをみずから口にしたり、そんなふうに誰かが言っていることに共感できたりする人も注意が必要です。自分に恋愛力がないことを自覚していない可能性があるからです。

男らしい人や頼もしい大人の男性がいないのではなく、実際は魅力的な大人の男性が存在しているにもかかわらず、あなたの前では「この女性には、男らしさや頼もしさを見せる必要はないだろう」と判断されてしまっているだけかもしれないのです。

大人の恋愛力をセルフチェックで知ろう

もしも、これを読んであなたが**自分の恋愛力への自信が揺らいだ場合、セルフチェックできる方法があります。**自分のなかにある男性ホルモン「テストステロン」が、どのくらい恋愛力に影響しているかを知る方法です。

テストステロンは、男性の声変わりなど第二次性徴として発現するホルモンで、女性にも微量ながら存在しています。

テストステロンの多い人の特徴としては「合理的」「負けず嫌い」「堂々としている」「積極的」「たくましい」といったことが挙げられます。**テストステロンの多い女性を今どきの言葉で言うなら「ハンサムな女性」といったところでしょうか。**

自分のなかの**テストステロンが多いか少ないかについては**、**右手の指を見ると**統計的に知ることができると言われています。

具体的には、右手の人差し指と薬指の長さを比べる、という簡単な方法です。**人差し指より薬指のほうが長ければテストステロンは多く**、**反対に**、**人差し指のほうが薬指より長ければテストステロンは少ないだろう**とされています。

この右手の指を見るセルフチェックからわかることは、テストステロンの多い少ないだけではありません。**魅力的な大人の女性になるための「バランス感覚」を養うヒントとして活用できます。**

たとえば、**自分にテストステロンが多いと知ったら**、**意識して自分の言動に女らしさをプラスしていく**ことも可能です。反対に、**自分はテストステロンが少ないことを自覚できれば**、**ハンサムな女性に寄せて凛とした立ち居振る舞いを心が**

けることもできるでしょう。

ふさわしいシーンに応じて振る舞い方を使い分けられるようになる——それは、魅力的な大人の女性の賢さと言えそうです。

今よりもっと自分の恋愛力を身につけるための具体的な方法については、のちほど詳しくご紹介します。

LESSON 1

知る

魅力的な女性は、「ほめられたときの第一声」で相手を惹きつける

「魅力的な唇のためには、優しい言葉を紡ぐこと。
愛らしい瞳のためには、人々の素晴らしさを見つけること。
スリムな体のためには、飢えた人々と食べ物を分かち合うこと。
美しい身のこなしのためには、決して一人で歩むことがないと知ること」

これは、今も世界中の人たちから愛される女優、オードリー・ヘップバーンの言葉。彼女の美しさはもちろん、知性や気品を兼ね備えた大人の女性の魅力は、世代や性別を超えて多くの人を魅了しています。

とくに冒頭の一文、**「魅力的な唇のためには、優しい言葉を紡ぐこと」**は、魅力的な大人の女性になるためには欠かせないことであり、見た目の問題以上に内面にも深く関わっていることでもあります。**20代まではとくに意識していなかった人でも、30歳を過ぎたら自分が口にする言葉について考える必要があるでしょう。**

というのも、**魅力的な大人の女性は、「どんな言葉を選び、どんなふうに相手に伝えるか」をいつも考えながら会話をしている**からです。オードリーの言う「優しい言葉」をつねに口にするような優雅な習慣を身につけるのは現実的に難しくても、せめて「センスのいい言葉」で会話をするよう心がけること。すると、「この人と話していると楽しいな」「もっと話していたいな」と、あなたの印象は格段にアップするはずです。

センスのいい言葉を話す人は、場の空気を読むことが得意で、相手の気持ちの動きにも敏感です。頭の回転も速いため、一緒にいる相手が居心地のよさを感じるもの。当然のことながら、そういう魅力的な女性に惹かれる人は増えていくようになります。

「本命の女性」に格上げされる、センスのいいリアクションとは？

では、具体的にはどういう言葉が「センスのいい言葉」と言えるのでしょうか。

最もわかりやすい例として、**多くの男性が「この人、言葉選びのセンスが抜群だな」と感じるのは、ほめ言葉に対する受け答えに表れます。**

たとえば、「頭がいいですね」とほめられた場合、「そんなことないですよ」「いいえ、全然」などと、せっかくの相手のほめ言葉を即座に否定するのはナンセンス。否定や謙遜はかえって嫌味にとられてしまう危険性もあります。

魅力的な大人の女性の受け答えは**「うれしいです」「ありがとうございます」「恐れ入ります……」**というものです。**恐縮の姿勢を見せつつ、相手のほめ言葉を受け入れる、**という絶妙なニュアンスをにじませる言葉で返します。

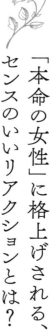

自分を必要以上に卑下することなく、相手の好意を自然に受け入れるのが魅力的な大人のたしなみというもの。とくに「恐れ入ります」は、大人の女性ならログセになるほど活用したい、センスと使い勝手のいい言葉のひとつでしょう。

「恐れ入ります。でも、じつは勉強よりお料理のほうが得意かもしれません。……大好きなんです」などと答えることができればパーフェクト。**ほめてもらったことを誇るのではなく、もうひとつ自分の強みをプラスして答えることで、さらにアピールができる**というお得な受け答えです。

ポイントは、最後の「……大好きなんです」という部分。言われた相手に「大好きなのは自分のこと？　それともお料理のこと？」とドキッとさせる効果もあります。**「大好き」という言葉は相手の心に響きやすいので、あなたのことは強く印象に残るはず。**それがきっかけで、**「ちょっと気になる女性」から「本命の女性」に格上げされるチャンスもある**でしょう。

同じように、「モテるでしょう？」「美人ですね」といったほめ言葉にも、次のようなセンスのいい言葉で対応できます。

Pattern 1

相手「モテるでしょう？」

あなた「恐れ入ります。たしかにペットの犬からは相当モテてますよ。……（ペットとは）相思相愛かも」

Pattern 2

相手「美人ですね」

あなた「恐れ入ります。そんなこと、子どもの頃に祖父母から言われて以来です。……私、昔からずっと（祖父母のことが）好きなんです」

こんなふうにセンスのいい言葉や相手の心に響く言葉を口にすることを心がけていると、いつのまにか「会話美人」としての自信が生まれ、あなた自身の魅力も増すようになります。

大人の恋愛を味わい尽くすなら、「好みのタイプ」より、「どちらとも言えないタイプ」を大事にする

厚生労働省が発表しているデータによると、日本人の結婚平均年齢は女性が29・6歳、男性が31・2歳（2020年「人口動態統計」より）。結婚している男女はだいたい30歳で人生をともに歩んでいくパートナーと一緒になっていることがわかります。

人生100年時代と言われている今、**30年しか経験値を積んでいない段階で生涯のパートナーを決めることをプレッシャーに感じる人もいるのではないでしょうか。**そのせいか、データとは別に最近は30歳を過ぎても結婚という決断をせずにいる人が増えている印象があります。

女性の30代はいろいろなライフイベントによって変化が生じやすい時期。恋愛や結婚はもちろん、子どもを産むという選択もできます。彼氏や夫の転勤や転職、独立といった環境の変化により、パートナーである女性側の生活にも影響が出ることもあるでしょう。

だからこそ、20代の頃は純粋に恋愛を楽しんでいた人でも、30代以降は「恋愛と結婚は別」という考え方を持ちはじめるようになるのです。

恋愛を楽しむ相手と結婚を考える相手という2パターンの思考で男性とお付き合いするのは悪くないことです。なぜなら、**年齢を重ねるたびに出会いが少なくなっていくなか、少しでも出会いを増やしていこうとするのは、幸せになる可能性がより高まることだからです。**

このほかにも、出会いを幸せにつなげていく考え方があります。

そもそも、多くの場合、女性は男性のことを無意識に3つのタイプに分けて接する習慣が身についているのではないでしょうか。3つのタイプとは、「好みのタイプ」「どちらとも言えないタイプ」「苦手なタイプ」です。

「好みのタイプ」と出会えれば最高ですが、それがなかなかままならない場合を考えてみましょう。

はじめに言っておきたいのは、**「苦手なタイプ」の相手に対しては深追いする必要はない**、ということです。もともと苦手なタイプだった人が好みのタイプにランクアップされることは少ないからです。

注目すべきは「どちらとも言えないタイプ」についてです。

好みのタイプではなく、まだ現実的に恋人やパートナーとしては考えにくいけれど、苦手なタイプというわけではない、という相手が対象となります。

このタイプにカテゴライズされた人たちは、タイミングやシチュエーションによっては「この人って、意外といい人なのかもしれない」「ひょっとするとアリかな」と思える可能性のある人たちです。

よく、「第一印象はとくに覚えていないけれど、一緒に働いているうちに誠実なところに惹かれるようになった」「友達に紹介されたときはピンとこなかったけれど、帰る方向が一緒で話をしているうちになんとなく連絡を取り合うようになった」といったエピソードを聞きますが、これらも**「どちらとも言えないタイプ」から「好みのタイプ」へ昇格したケース**です。

つまり、**はじめから無理に「好みのタイプ」を広げて考える必要はないものの、「どちらとも言えないタイプ」に属している相手であれば、すぐにシャットアウトせず、少し様子を見る機会をつくってみてください**、ということです。

年齢を重ねたことが「強み」になることもある

子どもの頃は食べものの好き嫌いが多かった人も、大人になってみたら自然といくつも食べられるものが増えていた、というのと同じことは、人に対しても言えると思います。

一度、自分のなかにある思い込みをはずして接することで、「この人って、意

外といい人なのかもしれない」「ひょっとするとアリかな」と気づくこともあるのです。

年齢を重ねて魅力が増す人は、そんなふうに気持ちに余裕を持って異性と接することができるという強みがある人。**相手を即座に「アリか、ナシか?」で判断するのをやめると、人としてのおおらかさや柔らかさが身につくようにもなります。**

さらに年齢を重ねると、恋愛や結婚のスタンスは変わっていきます。

たとえば、若い頃と比べ、人生経験が豊富になっていたり、経済的に安定していたりします。周りには、バツイチになって戻ってきた人たちも増え、「包容力のある年上の女性が好み」という年下の男性も現れはじめます。つまり、**年齢を重ねたことが「強み」になる**のです。

それが自覚できれば自信と余裕が生まれ、若い頃と同じようなワクワクした気持ちで恋愛や結婚を楽しむことも可能でしょう。

だとすれば、今はまだ苦しくて、漠然とした不安が尽きず心が不安定になりがちな人もきっと大丈夫。**今のうちに自分の魅力を育てておくことで、これから年齢を重ねていくことがもっと楽しみに変わるはずです。**

LESSON 1
知る

恋愛や結婚に満足感のある人は、そこに「時間」「エネルギー」「お金」の投資をしている

「昔と違って、最近は『恋愛』が面倒くさくなってしまった」
「恋愛のはじめ方を忘れてしまった」
「今さら告白したり失恋したりするのが怖くて、恋愛に一歩踏み出す勇気が出ない」

大人の女性からこんな声を聞くことがあります。

多くの場合、彼女たちは働いているため経済的にも自立していて、見た目も綺麗を心がけています。ですが、**ひとりの生活が自由で気楽なため快適さを感じている一方、心のどこかで「このままずっとひとりでいるのは心細いな」「いつか自然な流れで理想的なパートナーに出会えたらいいな」と感じている**のも事実。年齢を重ねるたびに恋愛や結婚へのハードルの高さを実感しているともいいます。

では、恋愛や結婚を「面倒だな」と感じる気持ちの背景には、どのようなことが考えられるのでしょうか。

恋愛や結婚も、投資なくしてはリターンは見込めない

「投資なくしてはリターンは見込めない」というのは経済学の常識のひとつ。勉強しなければテストに合格しないのと同じように、なにか成果を得ようと思ったら自分の身を削ってなんらかの努力が必要になるものです。

恋愛や結婚にも同様のことが言えます。

恋愛や結婚の場合、投資すべきは「時間」「エネルギー」「お金」という3つの項目が考えられます。

つまり、もしも今、**「恋愛は面倒」と感じているなら、「時間」「エネルギー」「お金」という3つの投資がうまくいっていなかった、ということになる**でしょう。

▼「時間」について

「時間」については、こうです。

仕事や恋愛以外のプライベートで忙しい女性にとって、わざわざ恋愛に時間を割くのは「もったいない」と考えてしまいがちだと思います。

たとえ恋人候補が現れたとしても、「平日のデートは疲れるから無理」「デートのための洋服や靴を買いに行く時間がない」「旅行に行くための休暇を取れない」というように、恋愛に十分な時間を投資することが難しいケースもあります。

▼「エネルギー」について

「エネルギー」についても、年齢を重ねるにつれて負担が大きくなってはいませんか？

「うまくいくまでの駆け引きに費やすエネルギーを考えるとグッタリしてしまう」「SNSで相手のことをチェックするだけでもひと苦労」「デ

ートで遠出すると、翌日まで疲れが残って仕事に集中できない」といった事態に陥り、できるだけ省エネスタイルでいようとするため、恋愛から遠ざかっていくことになります。

▼「お金」について

「お金」は、エネルギーとは逆に、年齢を重ねて収入や貯蓄が増えるにしたがって、負担が小さくなっていく投資です。それでもやはり、**ムダ遣いとわかっていることにお金は遣いたくないのは当然**です。

「デートや恋人へのプレゼントにはお金がかかる」「美容院やファッション、エステといった綺麗をキープするための費用はバカにならない」「ひとりなら適当に食事を済ませられるものの、彼氏の分まで料理をつくるとなると食費は2倍以上かかる」などといったリアルな声も聞こえてきます。

　このことから推察できるのは、**「恋愛は面倒」と感じている人は、「時間」「エネルギー」「お金」という3つの投資がうまくいかず、手応えのあるリターンを得られなかった人**だということです。

　だからこそ、「それほどお得とは思えないことに、これ以上の投資はできないし、したくない。だって、恋愛なんて面倒なだけでいいことなんかないに決まっているのだから……」と恋愛に対して失望してしまっているのでしょう。

　もしも今のあなたがそんなふうに恋愛に対して「面倒だな」と思う気持ちがあるなら、少しだけ立ち止まって考えてみてほしいことがあります。

　それは、**「たしかに恋愛は面倒かもしれないけれど、うまくいったときに得られるものの大きさははかりしれない」**ということです。

　もちろん、好きな人から愛されるという精神的な安定を得られることも大きなリターンです。ですが、**もっと現実的な面で言えば、経済的な安定も得られるの**です。

というのも、パートナーとなる男性の生涯年収を仮に3億円とした場合、その彼と結婚したあなたは半分の1億5000万円を手に入れることになるはず。1億5000万円もの大金を得るためなら、たとえ恋愛が面倒だと感じることがあっても多少は目をつぶることができると思いませんか？

毎日忙しくて恋愛に時間がかけられない人は、持っているエネルギーとお金を余計に多く使う。経済的に余裕がない人は、その分の時間とエネルギーを恋愛に向けてみる。そうやって「面倒」を乗り越えた先には、精神的にも経済的にも安定を得ることで自信に満ちあふれた、未来の魅力的なあなたが待っているはずです。

「このままでいいのかな？」
という不安は、
そのままにしておかない

20歳から30歳までの10年間と、30歳から40歳までの10年間を比べると、**同じ10年間でも「時間の重さ」に違いがある**と感じる人が多いのではないでしょうか。

20代の頃は、恋愛や結婚に関して、まだ精神的に余裕がある人がほとんどです。

たとえば、「恋人がいない」「仕事が辛くて会社を辞めた」「貯金額はゼロ」といった状況でも、「まだまだ大丈夫。だって人生は長いのだから」と強気なマインドで過ごしていられるもの。

ところが、**30代も半ばにさしかかる頃になると少しずつ焦る気持ちが芽生えます。**「結婚はまだ現実的ではないけれど、子どもはほしいかも」「このまま好きでもない仕事を続けていかなくてはならないのだろうか」「そろそろ老後のための資金づくりをはじめたほうがいいのかな」などと、時間を意識しはじめるのもこの頃でしょう。

じつは、**この時期にどのような選択をするかによって、「将来を不安なく、魅**

力的な大人の女性として迎えられる人」と「不安を引きずったまま年齢を重ねていく人」という大きく異なる2つの道に分かれて進んでいくことになります。

30代で感じた漠然とした不安を引きずったまま年齢を重ねていくと、「なんだかあっという間に時間が過ぎて、いつのまにかこんな年齢になってしまった……」などと、それまでの人生を後悔しかねません。**この「あっという間に時間が過ぎた」という感覚こそが、ソーシャルトラップの正体です。**

先延ばしにしても
解決しないことに気づこう

ソーシャルトラップとは、「短期的には合理性がある行動であっても、長期的には合理性を欠く行動」を意味します。たとえば「先延ばしにすること」もそうです。

テストが1週間後に迫っている状況でも、「今日はまだ勉強しなくても大丈夫」と先延ばしにします。たしかに、現実的にはまだ1週間という時間に余裕があるため、今日から勉強をはじめなくてもよさそうに思えます。

ところが、日がたつにつれ「今夜からはじめれば間に合うだろう」「明日は今日の倍、勉強すればOK」「直前まで自分を追い込んだほうが集中できるはず」などと、もっともらしい言い訳をつくりながらいつまでも先延ばしにします。すると、**気がついた時点ではすでに手遅れの状態になってしまっている**、というものです。

「趣味に夢中になっていたら、この年齢になってしまった」「仕事が楽しくて、あっという間に30代が終わっていた」という場合でも、本人が幸せを感じ、満足のいく毎日を送っているなら問題はありません。

ところが、**「将来的には結婚して子どもを育てたい」「人生のパートナーと出会**

いたい」というような長期的な目標や夢がある場合、話はまったく別です。「気がついたときには手遅れだった」という状況に陥らないためにも、今すぐ自分がはまっているソーシャルトラップに気づき、ただちにそこから抜け出す必要があるでしょう。

後悔しないために今、「やりたいことリスト」をつくる

「本当はやりたいことがあったのに、できないまま年齢を重ねてしまった」という**ソーシャルトラップに陥らないために今すぐできること、それは「人生のやりたいことリスト」をつくる**ことです。

「人生の」というと大げさに聞こえるかもしれませんが、要は「やっておかないと将来的に自分が後悔すること」をランダムにリストアップしていくだけのこと。

「子どもを産む」「理想のパートナーと結婚する」「ニューヨークで暮らす」「好きな仕事で独立する」というように、**思いついたものからノートや手帳に書いていく**ようにします。

実現したい大きな目標が明確になれば、今日から少しずつその目標に向かって舵を切って行かれるはず。そうなれば、漠然とした時間を過ごして**あっという間に年齢を重ねてしまう人生ではなく、目標や夢に向かって自分の意志を持ち、人生を歩むことができる**ようになります。

つくったリストに記された目標の叶え方については、Ｌｅｓｓｏｎ５でお話しします。

大切なのは、今ここで自分がはまりかけているソーシャルトラップに気づくこと。**このままでいいのか、自分を変えたいのかを自分自身で選択する**ことが、明日からの毎日を不安なく、魅力的な大人の女性として迎えられるコツなのです。

自分を幸せにするのは、
いつだって自分。
そう思えたら、無敵

男性も年齢を重ねると「理想の女性」についての条件も変化します。
若い頃は「かわいい子がいいな」「スタイルのいい美人なら最高」「やっぱり性格のいい彼女じゃないと」などとわかりやすいタイプの女性を求めていても、**年齢を重ねていくにつれ「自立している女性がいちばんだな」などと口を揃えて言いはじめる**のは興味深いことです。そのくらい、**自立している女性は、大人の男性から見て魅力的に感じる**ものなのです。

ところで、「自立している」とは、どういうことでしょうか。会社を辞めて独立、女社長として起業することでしょうか。あるいは、男性の力を借りることなく、なんでもひとりでこなせるような生活力を身につけることでしょうか。

じつは、そのどちらでもありません。**男性が求める「自立している女性」とは、「お金の管理がきちんとできること」と「自分で自分のことを幸せにできること」という2つの条件を満たしている女性のこと**なのです。

具体的に、それぞれ説明していきます。

まず、「お金の管理ができること」とは、こういうことです。

前提として、今どきの男性は、働き盛りの世代であっても収入がそれほど多くはありません。となると、たとえ男性側が「いいな」と思う女性と出会ったとしても、「専業主婦になることが夢」「子どもはインターナショナルスクールに通わせたい」といったセレブ志向を匂わされた瞬間、「この女性とお付き合いするのは無理かもしれない」と引き気味になります。

経済力に頼ろうとする姿勢を見せられたり、金銭面でプレッシャーをかけられたりすると、男性は弱腰になるものなのです。

だからこそ、「いくつになっても好きな仕事は続けたい」「働く女性って素敵だと思う」というように、**年齢やパートナーの有無に関係なく、働き続ける姿勢を見せておくと、男性は安心します。**

そのうえで大切なのは、**お金を管理する力があるかどうか**です。「お金があること=幸せな人生」とは限りませんが、**自分で自分のお金を管理できないことは間違いなく不幸**なことです。

浪費癖や借金があることはもちろん、なぜかいつも計画通りにお金を遣うことができず、慢性的にカツカツの生活をしているようでは、お金を管理できているとは言えません。

仮に結婚相手として男性の候補に上がったときでも、「この女性と暮らしたら、いくら自分が稼いでもすべて遣われてしまうのではないか」と不安がられてしまうでしょう。

経済的に自立しているということは、稼ぐ能力が高く、収入が多いことだけではありません。収入の多寡にかかわらず、「貯める」「遣う」「増やす」「蓄える」といったお金に関するマネジメントができることこそが大事なのです。

「自分を幸せにするのは自分」と多くの女性が気づきはじめている

「自分で自分のことを幸せにできること」も自立した女性の必須条件です。

かつて、昔気質の男性が口にするプロポーズの言葉といえば、「キミのことを幸せにするから」「おまえを一生守るよ」といったものが定番だったでしょう。

ところが、時代は変わり、男女のバランスが対等になった現代において、とくに「おまえ」という**大上段に構えた男性の言い方は女性をカチンとさせるだけです。**「守る」必要が生じる外敵の存在も不明です。

「男は強くあるべき。女はか弱い生き物」というステレオタイプな思い込みも古臭くなった今、プロポーズをする際も「一緒に人生を歩んでいきませんか」「ずっと一緒にいてください」といった**パワーバランスを意識したフレーズで、相手**

にアプローチするのが自然でしょう。

それに連動して、恋愛や結婚に対する女性の価値観も昔と今では変化が求められるようになりました。

ひと昔前までは、恋愛や結婚は男性がイニシアティブをとることが主流だったため、女性のほうも「この人が私のことを幸せにしてくれるはず」というように、男性に「してもらう」ことを求める傾向がありました。**自分の幸せは男性次第で左右されるもの、という考え方に違和感を持つ人も少なかった**のです。

ですが、そんな他力本願のスタイルで恋愛や結婚をする時代は終わり、**今は「自分を幸せにできるのは、自分以外の誰でもない」と多くの人が気づきはじめています。**実際、誰かに寄りかかって得られる幸せよりも、自分自身でつかみとった幸せのほうがよろこびも大きいでしょう。

だからこそ、**「私は今、ひとりでいても幸せです。ですが、あなたと一緒にいることで、もっと幸せになります」というスタンスでいる人には魅力を感じるもの。**相手が誰であれ、またはひとりであっても、自分で自分のことを幸せにできることは大事な力。それが身についていて、いつでも自信と幸福感があふれている人は、周りからもとても魅力的に映るのです。

「お金の管理ができること」と「自分で自分のことを幸せにできること」は、誰でも今すぐ目指すことができる簡単なこと。小さな気づきと「変わりたい」と思う気持ちがあれば、今日から「自立している女性」として、新しい一歩を踏み出せるのです。

LESSON 1

知る

自分を高めながら、相手の成長も楽しみにできるような、大人の恋愛を目指す

自分の手で幸せをつかむ女性は、「シンデレラストーリー」は幻であることに気づいています。

ここで言うシンデレラストーリーとは、「どう考えても釣り合わないような、ハイスペックな相手に奇跡的に見初められ、ごく自然な形で結ばれる」というもの。これはフィクションの世界のおとぎ話であって、現実にはほぼ起こらないと言っていいでしょう。

多くの場合、現実は同じくらいのレベルの人同士が組み合わさるようにできています。つまり、**素敵な人は素敵な人と、普通の人は普通の人と、それぞれカップルが誕生するような仕組みになっているのです。**

その理由は、いたってシンプル。誰でも自分史上最高のパートナーを選びたいと願っているからです。

「最高のパートナー選びをしたいのに、なぜそれなりの人としか付き合えないの?」と疑問に思う場合、自分とお相手の男性に点数をつけて考えてみると、簡

単に理解できるでしょう。

たとえば、あなたは100点満点中、自己採点で70点の魅力がある女性だとします。すると、当然のことながら、70点以下の男性より90点の男性、願わくは100点満点の男性とお付き合いをしたいと思うはずです。

ところが90点の男性が求めるのは、自分と同じか自分より上に位置する90点もしくは100点満点の女性です。**あなたが自分より点数の低い男性を相手にしていないように、90点の男性も70点のあなたのことをお付き合いの対象として考えることができない**のです。

そうやってお互いが自分史上最高のパートナーを求めて選んでいった結果、90点の女性は90点の男性と、70点の女性は70点の男性とカップルになるわけです。

これで、自分と同じようなレベルの相手としか付き合うことができない仕組みがおわかりいただけましたか？　自分と釣り合わないような相手から交際を迫られるシンデレラストーリーは幻と言っていいでしょう。

それではもしも、自分には手の届きそうにない高望みレベルの相手を好きになってしまったら、どうしたらいいのか。誰だって素敵な人には惹かれて当然。より魅力的な人と付き合いたいと思うのは男女ともに変わりはないのです。

その願いに対する正統派の回答は、「自分のレベルを上げて、相手の恋愛対象になるような魅力的な女性に変わるよう努力をする」です。素敵な人は素敵な人を求める、の法則にしたがえば、自分のレベルを上げればうまくいくはずです。

幸せをつかむ女性は「シンデレラストーリー」にだまされない

じつはもうひとつ、とっておきの方法があります。それは、自分の手で幸せをつかむ人が実践している**「今は同じくらいのレベルであっても、将来的に成長する可能性のある相手を選ぶ」という方法です。**

たとえば、男性の魅力を「経済的な魅力」と「五感的な魅力」という2つのカテゴリーで考えます。わかりやすく言えば、**「お金持ちかどうか」と「カッコいいかどうか」**です。

通常は、この2つのカテゴリーのそれぞれの得点の合計の平均が、その人のレベルを決めることになります。たとえば、収入が高いので経済的な魅力は80点だけれど、ルックスはいまひとつなので五感的な魅力は30点という場合、2つの得点の合計の平均である60点がその人の持ち点と考えられます。

ここにチャンスがあるのです。というのも、**生まれつきの問題も大きい五感的な魅力に比べ、経済的な魅力はこの先もまだ「伸びしろ」のあるカテゴリーであるのはたしか。**今は手取り25万円の月収だったとしても、5年後には50万円、10

年後には80万円という具合に経済的な魅力がアップする可能性があるなら、得点も加点されていくことになるからです。

具体的に言えば、「経済的な魅力は30点、五感的な魅力は70点」の相手と、「経済的な魅力は70点、五感的な魅力は30点」の相手は、現時点ではどちらも持ち点が50点の男性ということになります。

ですが、本人の経済力に伸びしろがあるとすれば、前者のほうは将来的に「経済的な魅力は90点、五感的な魅力は70点」にレベルアップし、総合的には80点の男性にまで格上げされるのです。

今は自分と同じくらいのレベルの相手であっても、これから成長が見込めるようなら、それはあなたにとって「お買い得」の相手と言えるでしょう。

女性が自分の魅力のレベルを上げるために努力するのはとても大切なこと。ですが、その一方で、**魅力ある男性を見極める賢さを持つことも大きな武器になる**

と思います。

なぜなら、**自分がレベルアップしながら、相手の成長も楽しみにできるようなお付き合いができたら素晴らしいと思いませんか？**

自分の手で幸せをつかむ人は、そんなふうに自分と相手の双方の魅力を増幅させていく力も持っているのです。

LESSON 2

捨てる

捨てたほうが楽になる
「習慣」と「思い込み」

「恋愛市場」「結婚市場」「不倫市場」という3つのマーケットのどこに今の自分はいるのかを考える

「なぜか、既婚者からしか声がかからないの」「既婚者にはモテるのだけどね……」などと、半分は自嘲気味に、半分は自慢気に話している女性を見かけることがあります。そんなとき私が心のなかでいつも思うのは、**「不倫市場では、誰でもモテるようにできている仕組みを知っていてほしかった……」**ということです。

そもそも、**恋愛には、「恋愛市場」「結婚市場」「不倫市場」という3つのマーケットがあります。**そして、それぞれの場によって、求められる要素が異なる、という前提があります。

たとえば、自由恋愛を楽しむ恋愛市場や、生涯をともにする相手を探す結婚市場では男性陣から人気が今ひとつの場合でも、既婚者が気軽に付き合える異性を求める不倫市場では人気が殺到する、ということは珍しいことではありません。**その人の評価は、どの市場に身を置くかで変わる**からです。

ですからもしも、既婚者からしかお声がかからないという場合は、**恋愛相手や**

結婚相手としても声がかかるよう視点を変え、「自分の身を置くべきマーケットに移動すべき」というタイミングかもしれません。

具体的には、それまで自分より年上の男性しか恋愛や結婚の対象に考えていなかった人なら、年下の男性にも目を向けるのもアリですし、体育会系の男性が好みだと思っていた人なら理系の男性にも枠を広げてお付き合いしてみるのもいいでしょう。

「やめられない不倫の恋」を終わらせたいなら？

「不倫市場」について、もう少し考えてみましょう。

もしも今、**不倫の恋をしている人は、当たり前のことですが、自分自身を大切**

にするためにもなるべく早めに終わりを迎える方向に進む決断をするほうが無難でしょう。

既婚男性の甘い言葉ほど、信用できないものはありません。「妻とはうまくいっていない」「いずれ別れるつもりだから」「お互いとっくに気持ちは冷めている」という言葉を信じ、苦しい不倫の恋をしている女性は少なくないようです。

ですが、**いろいろな人があちこちで断言しているように、今の妻と別れて不倫相手と一緒になる男性はほんのひと握りにすぎません。**「そんなふうになったらいいな」と理想を思い描く男性はいても、実際に行動に移し、さまざまな犠牲を払って不倫相手を選ぶ男性はかなり少ないのです。

とくに女性側の精神面での疲弊と金銭面でのダメージが想像を超えるほど大きいものだとすると、はたしてそこまでエネルギーを注いで、不倫の恋を貫く価値があるかどうか。一度、冷静に考えてみる必要はありそうです。

「不倫の恋を終わりにしたいのに、なかなかやめられない」と悩んでいる人には、今の苦しい恋から脱出するための考え方のヒントがあります。

それは、**これまで不倫に投資した時間やお金のコストを考える、**というものです。

たとえば、映画を観に行ったときの場合で考えてみましょう。「映画を観るために1800円支払ったものの、ぜんぜん面白くなかったので、今すぐ映画館を出たいと思った。でも、まだ映画の上映がはじまって10分しかたっていない。映画は2時間もあるのに……」という状況があるとします。

たしかに、ここで映画館を出てしまったら1800円を損したことになります。ですが、**その1800円で残りの1時間50分、自由に使える時間を手に入れた**と考えればどうでしょう？ 1時間50分あれば、お茶することもできるし、ショッピングだって十分できます。行先を美術館に切り替えて好きな作品が見つかれば、それだけでずっとお得な時間を過ごすことにもなるでしょう。

１８００円を惜しんだために納得しないまま2時間、映画館のイスに座り続け、「あんな退屈な映画、観なきゃよかったな」と上映後も後悔し続けるなら、さっさと映画館を出たほうが精神衛生上もプラスです。

そんなふうに、**「これだけコストをかけてしまったのだから、もう後には引けない……」という思い込みは、ときとしてかけたコスト以上に大きなマイナスをこうむる**ことにもつながるのです。

大好きな彼を嫌いにならずに、恋を終わらせる

不倫にも、同じことが言えます。「30代にさしかかる大切な時期に2年も不倫

をしてしまった。この期間に費やした時間とお金をムダにしたくないから、もう少し彼と付き合ってみようと思うの」という思いがあって、ズルズルと不倫を続けているのは、やがて大きなマイナスになる危険性をはらんでいます。

だとしたら、**「たしかにこの2年、時間とお金をかけて不倫をしたのは事実。でも、今ここで終わりにすれば、この先の時間とお金はすべて私が自由に使えることになる!」**と思い直してみましょう。**とても勇気が必要ですが、その決断をすることで二度と苦しい恋を味わうこともなければ、新しい出会いを受け入れるチャンスもできると思えば、どれだけお得かはかりしれません。**

大好きだった彼のことを嫌いになるのは難しくても、「これ以上、交際を続けたら自分がどんどん損をするだけ」と考えれば、すっと前に進む勇気が出てきませんか? 大切な時間とお金、そしてあなた自身を大切にするためにも、不倫の恋についてあらためて見直すことをおすすめします。

LESSON 2

捨てる

「とにかく最高の相手」より「自分史上、いちばん満足できる相手」を選ぶ

「そろそろ生涯のパートナーを見つけたいな」と本気で思ったら、「一途な女」でいようとすることから卒業しましょう。

たとえば、男性とのお付き合いをする場合でも、ひとりずつ時間をかけて吟味しながら慎重にお付き合いしていく「一途な女」のタイプより、**「同時並行でいろいろな人とお付き合いしていきながら最終的にひとりに絞っていく」というスタイルのほうが、自分らしくいられる相手を選べる**のではないでしょうか。

もともと女性は、比べることが得意な人が多いと思います。

たとえば、ショッピングをする際、お気に入りの一足を買うために、何軒もショップを回ってあれこれ靴を履いて鏡に映し、歩いて試してみる。ネットショッピングでも、「もっと素敵な靴があるかもしれない」「少しでも安く買えるサイトを探そう」と長い時間と手間をかけてじっくりと選ぶ。そういうことが苦痛ではなく、むしろ楽しみだったりすると聞きます。

おそらく**恋愛でも、同時並行でお付き合いするようになれば、とてもうまく自分に合ったひとりを選び出せる**のではないでしょうか。

とはいえ、「ひとりとお付き合いをはじめた以上、その人に悪くてほかの人とデートすることなんてできない」「同時に何人ともお付き合いしたいけれど、そのための時間がなかなか捻出できない」という人もいるでしょう。

そんなふうに、同時並行で異性とお付き合いできそうにないという人でも、これからのパートナー選びにあたり、失敗しないポイントがあります。

それは、**「最高の相手より、満足できる相手を選ぶ」**ということです。

相手の条件より、自分の心の満足度を大切にする

これまで付き合ってきた男性のなかでベストな人を選ぼうとするのは、なかなか難しいことです。

「最初にお付き合いした彼がいちばん好きだった」「20歳の頃の彼は最高だった。あの後、誰とお付き合いしても彼を超えることはできない」という場合でも、時計の針を巻き戻すことはできません。**これから先、「最高の彼と、最高の恋に落ちる！」ということは理想としてはアリでも、現実的には難しい**かもしれないのです。

それよりは、**自分が満足できる条件をひとつ優先的に決めておき、それに当てはまる人と出会ったら、とりあえず自分のなかでＯＫサインを出してみる**のです。

たとえば、パートナーに求める要素として、「優しい」「趣味が合う」「子煩悩」「収入が高い」といったことがあるとしたら、**そのなかで最優先したい事項をひとつだけ決めます。**

この場合、もしも「趣味が合う」と決めたら、新しく出会う相手に求めるのもそこを中心に考えるようにします。すると、漠然と相手を採点するより、「私とは趣味が合うからお付き合いしてみよう」というように、**自分自身が満足できる形でお付き合いすることができる**ようになります。

反対に、客観的に見て「いい感じ」と思えるような相手であっても、自分が満足できる条件を満たしていない場合、実際にお付き合いしてみて、うまくいかないこともあります。

大切なのは、自分自身の心を満たしてあげられるかどうか。そこがクリアになれば、「この人と一緒になってよかったな」と幸福感を持っていられるようになるのです。

これからは、「一途な女」でいようとしなくても大丈夫。最高の相手より、満足できる相手を選ぶほうが幸せであることに気づきましょう。

LESSON 2

捨てる

「恋愛の延長線上に結婚がある」とは限らない男性の本音を知ると、苦しい恋から抜け出せる

もしも今、「恋愛＝結婚」という思い込みがある人は、ここで一度、その思い込みを手放してみませんか？　そうすることで、**「いい出会いがない」という悩みから解放されるだけでなく、心が安定することで内側から穏やかな美しさが満ちてくるケースも意外とある**ものです。

恋愛と結婚のとらえ方については、男女間でまったく異なる点がいくつもあります。

たとえば、「恋愛＝結婚」という思い込みにとらわれている人が多いのも女性ならではでしょう。

なぜか、多くの女性は「恋愛の延長線上に結婚がある」という意識が強いようですが、**男性にとって恋愛と結婚は別ものでしかありません。**つまり、デートを重ねて愛し合い、自然な流れで結婚にいたるとは限らないのです。

その原則を理解しようとせずに「恋愛の延長線上に結婚がある」という思い込

みを持ったままでいると、年齢を重ね、恋愛経験が増すごとに苦しくなるのは当然のこと。交際相手がいたとしても、「付き合っているのに結婚の話が出ない」「いつになったらプロポーズをしてもらえるんだろう」などという悩みを抱えることにもなるでしょう。

ここで大切なのは、結婚につながるドラマチックな恋愛を諦めることではありません。もっとシンプルに、**「男女間では根本的に考え方が違う」という事実を知る**ことです。

「恋愛＝結婚」という思い込みを捨てると、気持ちが楽になるのは、そういう理由があるからです。

「恋愛で盛り上がった相手とは、結婚できるはず」という思い込みを疑ってみる

ほかにも、男女間でとらえ方の違いがあることを知っておいたほうが、気持ちが楽になることがあります。

前章では「恋愛を楽しむ相手と結婚を考える相手という2パターンの思考で男性とお付き合いするのは悪くない」とお伝えしました。女性の場合、恋愛を楽しむ相手と結婚を考える相手にそれほど大きな違いが見られないことが多いのではないでしょうか。

たとえば、**女性が理想の相手の条件としてトップに挙げる「優しい人」「浮気をしない人」といったことは、恋愛の相手にも結婚の相手にも当てはまる**場合が少なくないようですが、そこにも、「恋愛＝結婚」という思い込みがあるからか

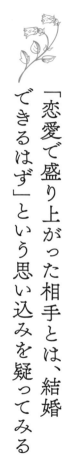

もしれません。

女性の多くは恋愛の相手に求めるものと、結婚の相手に求めるものとの間に、ズレが少ないように感じられます。だからこそあえて、**恋愛と結婚で相手のタイプを変えてお付き合いするのも、自分の視野を広げるための有効なアプローチ法になる**のではないかと思っています。

一方、**男性の場合は、恋愛の相手に求める理想の女性像と、結婚の相手に求める理想の女性像とでは、ふたつの間に明確に差があります。**

具体的には、こういうことです。以下は、私が複数の男性にヒアリングした結果、上位にランキングされた項目です。

・男性が、「恋愛」の相手に求める理想の女性像とは？
顔が好み
スタイルがいい
ほどよいセクシーさがある
清潔感がある

・男性が、「結婚」の相手に求める理想の女性像とは？
性格がいい・性格が合う
浮気をしない
包容力がある
料理が上手
健康的

恋愛と結婚で相手に求めるものにこれだけの違いがあるとしたら、男性の多くが「恋愛の延長線上に結婚はない」と考えるのも無理はないと思いませんか？

「恋愛＝結婚」という思い込みのバリアをはずすことは、恋愛からの結婚を諦めることではなく、あなたを楽にするために知っておくべきセオリーなのです。

「付き合って2年以内」に結婚話が出ない交際には、自分から見切りをつける

「どんな人と、どんなふうに人間関係を築いていくか」は、大人の女性にとっては大事なことです。**人との出会いの経験から得る「気づき」や「学び」は、魅力的な大人の女性に成長する**ために大きく関わってくるからです。

とくにプライベートでの男性とのお付き合いは、その後に続く人生に影響を及ぼすほど重要なことになります。結婚や出産といったライフイベントをはじめ、働き方や生き方まで変化が生まれやすい時期においては、**ターニングポイントを迎えるときに、誰とどんなお付き合いをするかはとても重要**でしょう。

これから新たに男性とお付き合いをスタートさせる場合、今のタイミングで本書を読み、自分と向き合う時間を持てたことはとてもラッキーでしょう。この本には、魅力的な大人の女性になっていくためのベストな判断をサポートするヒントがたくさん詰まっているからです。

一方、もしも今、あなたにお付き合いしている相手がいる場合、「この人と結婚していいのだろうか」という迷いや、「そろそろ結婚したいけれど、なかなかその話にならない」といった焦りがあるかもしれません。そんな不安定な状況の場合にも、迷いや焦りを解消できるティップスを、本章では紹介しています。

たとえば、**「お付き合いして2年以内に結婚話が出ない場合、その交際には見切りをつけていい」**というセオリーもそのひとつです。もしも恋愛を成就させ、その恋愛のゴールを結婚と考えるなら、2年以内の短期決戦で勝負を決めるのがベスト。2年以上も続いていく恋愛は、穏やかで安定しているように見えても、その先に「結婚」はないかもしれない、と心得ておいたほうがよさそうです。

その理由は、次の図に表したように、**男女間で恋愛感情の盛り上がる時期にズレがある**ためです。

男と女の恋愛グラフ

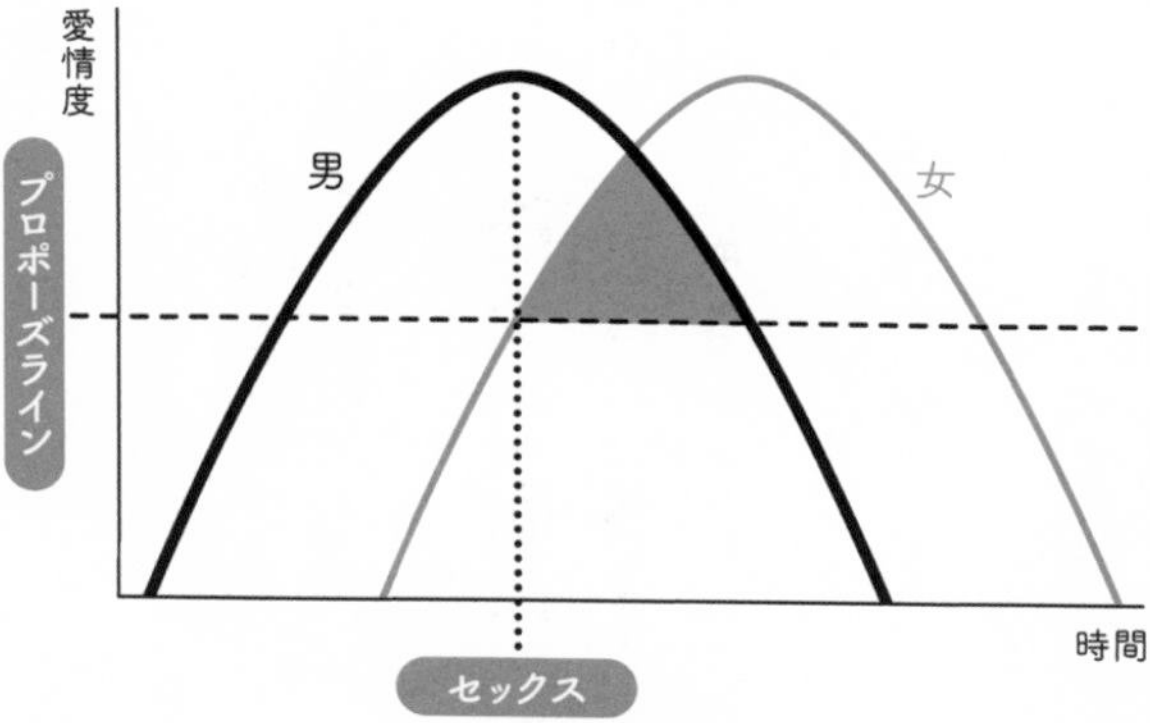

男性は、女性と出会い、その女性とはじめてのセックスをしたときが恋愛のピークです。女性は、出会った男性とはじめてのセックスをした後、さらに何度かデートを重ねていく間に相手への気持ちが高まっていく傾向があります。

したがって、男女間には恋愛感情の盛り上がる時期にズレが生じます。**図で示した「重なりの部分」だけが、男女がお互いにバランスよく盛り上がっている「恋愛バブル」の期間**ということになります。

残念なことに、**恋愛バブルが続く期間は、最長でも2年ほど**だということです。「この人とずっと一緒にいたい」「かけがえのない存在の相手を手放したくない」と思えるような、いわゆる「あばたもえくぼ」の状態は2年で終了。バブル景気が崩壊したように、恋愛で盛り上がったお互いの感情も2年たったのち、やがて終息していくことになるのです。

この2年ほどの短いバブル期を逃すと、男性も冷静になり「嫌いというわけではないけれど、結婚したいと熱望するほど好きというわけでもない」といった、結婚に対して消極的な言動を見せはじめるようになります。

そうなるとその後は、時間ばかりが過ぎていくダラダラしたお付き合いになり、気がつけば「いつのまにか、こんなに年月がたってしまっていた……」ということにもなりかねません。**幸せな将来の展望のないお付き合いをしているうちに、せっかくの素敵な出会いを逃してしまっている可能性もある**のです。

だからこそ、もしも付き合っている相手との結婚を望んでいるにもかかわらず、2年以上たっても結婚の話が出ないのであれば、その交際には自分から見切りをつけてもいいと言えるでしょう。そのくらい、**タイミングが大切なお付き合いもある、**ということです。

自虐的な言動をやめた
瞬間から、
「魅力的な人」のオーラを
放ちはじめる

「同性からの評判はいいのに、なぜかパートナーの存在や浮いた話を聞かない」という女性がいます。

彼女たちは、頼られやすい「アネゴ肌タイプ」だったり、いつもポジティブで周りの人を笑わせることが得意な「女芸人タイプ」だったり。飲み会では盛り上げ役として欠かせない存在にもなります。

ところが、そんな笑顔の似合う彼女たちにも悩みがあるようです。

性別を問わず、友人や友達が多いにもかかわらず、なぜかひとりの「大人の女性」としてお付き合いを考えてくれるような相手が現れない、というものです。

そもそも、**10代や20代の頃は明るく天真爛漫でハジケたキャラクターだった女性が、年齢を重ねてもそのままの勢いでい続けるのは、現実的になかなか難しい**ことかもしれません。「自分でも〝いいヤツ〟だとは思うけれど、恋愛や結婚の対象になるかと聞かれると自信が持てない……」という自覚もあるのではないでしょうか。

もちろん、「アネゴ肌タイプ」や「女芸人タイプ」だった女性が、素敵な大人の女性になっていく例もあります。そうした女性たちに共通しているのは、「自虐的な言動をやめて、自然に振る舞うようにした」ということです。

「自虐的な言動をやめる」とは、必要以上に自分をおとしめるような言動を慎む、ということです。

たとえば、ショッピングで着たことのないタイプの洋服が気になったとき、「かわいいな」と感じたのに、「でも、いつでもパンツ派の私が突然、スカートなんて穿いても似合うわけないか（笑）」と思って、買わずに諦めるのは自虐的な行為です。

同じ職場に好みの年下男性が異動してきたとき、「素敵だな」と思っているのに、「でも、私みたいなオバさんじゃ相手にしてもらえないよね（笑）」などと、声をかけるのをやめてしまうのも自虐的な行為です。

「いい子の自分」を卒業し、無理せず自然に振る舞う

こんなふうに、**自分のなかで完結してしまい、新しい可能性を広げることを自分の手でやめてしまうのはもったいない**ことです。

黄色いスカートだって実際に穿いてみたら「似合うね」「イメチェンしたの？　いいね！」とほめられるかもしれないし、気になる年下男性だって年上のあなたがタイプの場合もあるのです。

自虐的になって意地を張っているより、「いいな」と心が動くまま、自然に振る舞ったほうが、ずっと素直で魅力的な女性だと思いませんか？

自虐的な言動は一見、面白くて周りを楽しませているように見えますが、大人の女性がいつまでもずっと続けていると、「痛々しいな」と思われてしまうもの

です。なぜなら、そこには「無理している感」が漂っているからです。

「無理して強がっている人」「無理して明るく振る舞っている人」でいようとするのは、そろそろやめてもいいと思います。もっと楽な気持ちで、自分らしく振る舞うほうが「大人なのにかわいらしい人」「大人になってもかわいげのある人」でいられるでしょう。

LESSON 2

捨てる

「大人の片思い」は3つのアプローチ法を知っているとうまくいく

「恋愛のはじめ方をすっかり忘れてしまった」という〝恋愛ご無沙汰派〟や、「今さら自分から告白して失敗したら恥ずかしい」という〝恋愛慎重派〟の人には「大人の片思い」をおすすめします。なぜ、おすすめなのか。その理由は、**「大人の片思い」は、うまくいく可能性が高い**からです。

大人の片思いには無謀なアプローチをしたり、効率の悪い「待ち時間」を設けたりする必要はありません。**苦しくて切ない、これまでの「片思い」という言葉のイメージは捨ててOK**です。これからはじめる大人の片思いは、〝さりげなく積極的に〟、自分が主導権を握って進めていくタイプの恋愛のはじめ方です。

大人の片思いには3つの方法があります。いずれのアプローチも、相手に恋する気持ちを簡単に悟られることなく、保険をかけながら進めていくことができるもの。ぜひ、試してみてください。

Method 1

「ナチュラルな偶然」を重ねる

相手に心の準備がない状態で、こちらが一方的にあからさまなアプローチをするのは「大人の片思い」としては成就しにくいどころか、突然の奇襲に相手は困惑してしまうでしょう。

大人の片思いを実らせるためには、ナチュラルな偶然を重ねることです。

たとえば、相手が通勤電車で一緒になったり習いごとが同じだったりするなら、はじめは会釈や挨拶からさりげなくスタート。2〜3回、その状況を続けた後で、**「なんだかいつもお会いしますね」「また会いましたね」などと、少しずつ距離を縮めていきます。**

たとえ、相手に合わせて行動をしていた場合でも、あたかも偶然に出

会ったかのような自然な流れをつくるのがポイントです。何度かそんなことを繰り返しているうちに、相手の反応を探りながら「私は○○という駅に住んでいます」、あるいは「△△先生のレッスンもおすすめらしいですよ」という具合に話を広げていきます。

あくまでもナチュラルな偶然を重ねていくというスタンスが重要。なんらかの事情でうまくいかなかった場合でも、「それまでは会う機会が多かったけれど、このところ会えなくなっただけ」と考えるようにすれば、自分の心は傷がつかずに済むからです。

Method 2

「一緒に参加できるプレゼント」を贈る

すでに好みがなんとなくわかっている相手には、贈り物をするのも効果的なアプローチ法です。

たとえば、サッカー好きな相手なら「知り合いからワールドカップのチケットが2枚手に入ったのですが、よかったらご一緒していただけますか？」という形で伝えるようにします。

もちろん、サッカー以外のスポーツや美術展、音楽系のイベントなど、一緒に参加できるジャンルのものであれば、プレゼントはなんでも構いません。

ポイントは、そのプレゼントが相手にとって価値のあるものであることと、負担になりすぎないことです。

まだお付き合いもしていない段階から「旅行券が当たったので〜」という唐突な提案をしたり、「プラチナチケットを頑張ってオークションで競り落としたので〜」という恩着せがましかったりする贈り物は、相手にとって負担に感じるのでご注意を。**あくまでも「ラッキーのおすそわけをしたくて」という爽やかなスタンスで伝えましょう。**

Method 3

「お願いごと＋お礼」をセットで伝える

気になっている相手と職場が同じ場合など、**比較的コミュニケーションをとりやすいポジションにいる場合、お願いごとをするのも有効**です。

男性の多くは、女性の役に立てることを自分のよろこびに感じるもの。「お願いごとを叶えることができた自分」に酔いしれ、いい気分に浸ることができるからです。

具体的には、「エクセルの使い方がよくわからないので、教えてもらえますか？」「会議室のロッカーの上の棚に手が届かないんです。取ってもらえますか？」などと、相手が簡単にクリアできそうなことをお願いする形で依頼するようにします。

そして、相手がしてくれたことに対してお礼の言葉を伝える段階で、

「とても助かりました。ぜひ、お礼にランチをごちそうさせてください」というように伝えます。すると、**自然な形で、2人で出かける流れができる**、というわけです。

大人の片思いはさりげなくスマートにアプローチをしたいもの。後から相手があなたの戦略に気づいてもほほえましく思えるような方法ですので、ぜひ試してみてください。

どんなに苦しい恋でも
「2カ月」過ぎれば
振り回されなくなるから大丈夫

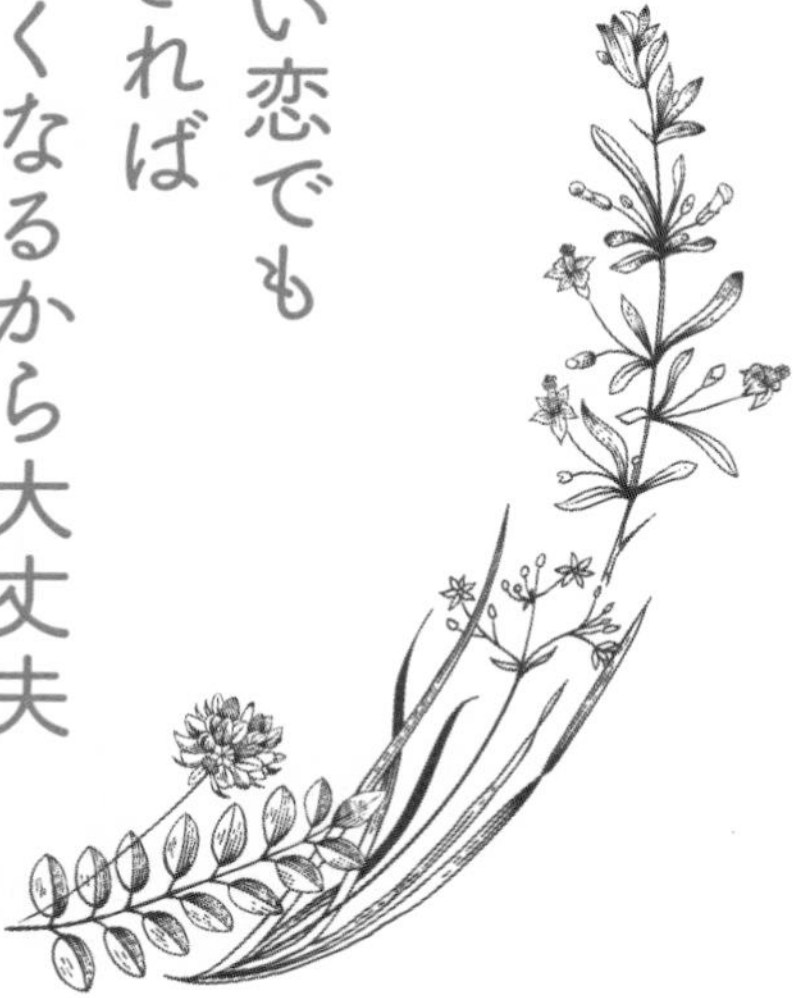

私たちにとって失恋のダメージは大きいもの。いつも隣にいた恋人が、ある日を境にいなくなるのは、心にぽっかりと空洞ができたような気分になるものです。

大切な人を失ったことで心にできた空洞をどうするか、という問いに対して作家の村上春樹氏は、「その空洞を無理に埋める必要はない」と自著に書いています。「これからあなたがご自分の人生を生きて、いろんなことを体験し、素敵な音楽を聴いたり、優れた本を読んでいるうちに、その空洞は自然に、少しずつ違うかたちをとっていくことになるかと思います。人が生きていくというのはそういうことなのだろうと、僕は考えているのですが」(『村上さんのところ』新潮社刊より)

そうやって、**恋愛のよろこびも失恋の痛みも併せ持って生きていく**ことが、私たちの人生なのかもしれません。

ところで、私たちが失恋から立ち直るために必要な時間はどれくらいか知っていますか?

私が教える「恋愛学入門」の講義に出席した学生へのアンケートによると、**失恋から立ち直るためには平均して60日かかる**という統計が出ています。もちろん個人差がありますが、だいたい約2カ月でヒリヒリした気持ちが収まっていく方向に向かうようです。

そのうえで私が思うのは、**「終わった恋」への執着をやめたほうが魅力的な大人の女性に近づける、**ということです。

たとえば、明らかに恋が終わっていると本人も周りもわかっているのに、「もしかしたら、また彼から連絡があって復縁して、あの頃のように盛り上がる恋愛ができるかも」と彼からの連絡を待ち続けていたり、「浮気を繰り返す彼と別れたいけれど、やっぱり好きで離れられない……」と未練を残していたりする女性の姿を見ると、心から「もったいないな」と思うのです。

終わった恋に振り回されている間は、物理的にも精神的にも次のステージに向かうことができません。**終わった恋なのに、貴重な時間を使って思い悩み、心をすり減らしても、何も生まれるものはない**からです。

恋の終わりの見極めどきは「2カ月」を過ぎた頃

以前、不倫の話をしたときに、不倫相手のことを今すぐ嫌いになるのは難しくても、「これ以上、交際を続けたら自分がどんどん損をするだけ」と考えれば別れようという勇気が出る、ということを書きましたが、終わった恋に関しても同じことが言えます。**終わった恋に振り回されている時間とエネルギーがもったいない**のです。

ちなみに、コンコルドのエピソードを知っていますか？

イギリスとフランスが共同開発した飛行機のコンコルドは、1970年代に4000億円近い赤字を出したことで有名です。

ところが、それだけ費やしたコストをムダにしたくないからと研究を続けた結果、数兆円の損害にまで膨らみ、会社は倒産に追い込まれてしまったのでした。途中で気づいた時点で手を引いていれば、会社が潰れるまでのマイナスにはならなかったはず。判断のタイミングが遅すぎると後悔してもしきれないケースもあるのです。


だからこそ、**終わった恋の見切りのつけどきは大事**です。「もしかして……」と復縁を願うのも2カ月まで、と決めること。それを過ぎたら、「彼とうまくいかなかったことには、なんらかの意味があるはず」と気持ちを切り替えて、前に進んでみましょう。

失恋をしたこと自体はムダではありません。**男女の機微を知り、人の痛みがわかるようになることは、魅力ある大人の女性として役立つことにもつながります。**次の幸せにつながるための大切な通過点でもあるのです。

LESSON 3

変える

苦しむことなく自分が変わる
「考え方」と「行動」

不安に襲われた時は
「食べて」「浴びて」「歩いて」、
自分を取り戻す

あなたは、占いやスピリチュアルな世界が好きですか？

女性が**占いやスピリチュアルのような「科学的な根拠は乏しいけれど、神秘的に思える何か」に惹かれてしまう理由のひとつには、「頼れるものがほしい」と思う心理が存在している**のではないでしょうか。

迷いがあったり、悩んでいたりすると、誰でも何かに頼りたくなるもの。それが占いでもスピリチュアルなことであっても、自分の進むべき道に導いてもらったり、答えをもらったりしたくなる気持ちにもなるでしょう。

電車やバスに乗っていて、揺れたときには何かにつかまりたくなるのと同じ、**心がぐらついているときも「頼れる何か」にすがりつきたくなってしまう**ものなのです。

仕事のこと、人間関係のこと、恋愛のこと、お金のこと、家族のこと、健康のこと——大人の女性の心をぐらつかせる要素はたくさんあります。きっかけは人それぞれでも、心がぐらつく源泉をたどっていくと、じつはすべてたったひとつのことに行きつきます。それが「不安」です。

不安だから、イライラする。

不安だから、集中できない。

不安だから、前向きに考えることができない。

そして、**不安だから、占いやスピリチュアルなものに頼りたくなる**のです。

でも、安心してください。今すぐ不安の種を根本からとりのぞくことはできなくても、不安を和らげる方法はあります。

誰かに頼らなくても、自分の心を自分で立て直すための方法とは？

たとえば、脳内に「セロトニン」を増やすこともそのひとつです。

セロトニンは、私たちの脳内で情報をやりとりする際に使われる神経伝達物質の一種。**セロトニンは、心のバランスを保ち、気持ちを安定させる役割を担っている**と言われています。

セロトニンが不足すると、心のバランスは乱れ、感情のコントロールがききにくくなります。すると、不安になりやすくもなるのです。

だからこそ、**セロトニンを増やすことで、不安感は軽くなり、何かに頼りすぎなくても自分自身で心を立て直していくことができるようになる**はずです。

セロトニンを増やす方法はいろいろあるようですが、手軽にできそうなものを3つ紹介します。無理なく試せそうなものから実践してみましょう。

Method 1

「食べて」増やす

不安を和らげるセロトニンは食べて増やすことができると言われています。

セロトニンをつくるための必須アミノ酸「トリプトファン」は、体内で生成できないため、毎日の食事から摂取する必要があります。食べたもののなかに含まれるトリプトファンが脳に運ばれた後、セロトニンに変化するからです。

トリプトファンを多く含む食べものは、バナナ、大豆製品、乳製品、肉、魚など。バランスのいい食事を心がけましょう。

Method 2

「浴びて」増やす

セロトニンは、朝日を浴びることで増やすことができるとも言われています。

セロトニンは、夜間や太陽の光が遮断された状態では分泌されず、朝、明るい光が目に入ることで脳が目覚め、分泌がスタート。太陽の光に含まれる紫外線にはビタミンDの生成を促す働きもあり、ビタミンDはセロトニンをつくるサポートをします。

私たちの体の仕組みとして存在している体内時計をリセットして生活のリズムを整えるためにも、毎朝、起きたらカーテンを開けて朝日を浴びるようにしましょう。

Method ③
「歩いて」増やす

一定のリズムを刻み、それを繰り返す動作をすることも、セロトニンを増やす効果が期待できると言われています。

たとえば、手軽にはじめられるのはウォーキング。「1、2、1、2……」と心のなかで一定のリズムを刻みながら15～30分歩くことで、セロトニンの分泌は活性化されることがわかっています。

このように、不安を和らげるセロトニンを増やすことは、お金をかけずに自分の力で簡単にできることばかりです。**自分で自分の不安を和らげることができたら、占いやスピリチュアルなものに頼る必要はなくなりそうですよね。**

どんなにキラキラして見えるアドバイスであっても、それがあなたにとってベストアンサーなのかはわかりません。最終的に納得できる決断かどうかは、自分自身が決めること。不安がなくなれば、自然と後悔しない決断を自分でできるようになるでしょう。

LESSON

3

変える

ギャップは魅力。
自分らしいままで、
相手を魅了する最強の武器

今のあなたが魅力的な大人の女性かどうかを知る方法があります。次の質問にお答えください。

Q・あなたには、周りの人が驚くような「ギャップ」がありますか?

この質問に「No」と答えた人は、これからギャップとなるようなことを意識して持っておいてもいいと思います。なぜなら、これまで出会った魅力的な大人の女性の多くは、必ずと言っていいほどどこかにギャップがあり、そこが本人の魅力を増幅させているからです。

ギャップがその人をさらに魅力的に見せたケースとして、2人の女性の例を紹介します。

会社員のAさんは、誰もが認めるほど仕事ができる女性です。彼女の有能さは、学生の頃から有名でした。

そんなAさんは平日はダークカラーのシックなパンツスタイル、髪はひとつにひっつめて颯爽と仕事に邁進しているのですが、あるとき珍しく休日出勤をすることになりました。「午後はオフだから」とふんわりしたワンピースを着て出社したところ、偶然、居合わせた社内の人たちから歓声が上がったのでした。「Aさんて、こんなにかわいかったっけ？」「いつも見せない女らしい一面にドキッとした」など大絶賛。

本人は「そう？」と、いたってクールなリアクションでしたが、それ以来、「オンのときはバリバリ仕事をしているのに、オフはとても女らしい」とAさんのファンは目に見えて増えたそうです。

女子校出身のBさんは、現在アパレル系のメーカーに勤めています。入社直後はショップで女性相手の接客業をしていたこともあり、物腰が穏やかで女らしく「おしとやか」を絵に描いたような女性でした。

あるとき、社内の男女が集まってBBQをしようとなったとき、Bさんの魅力は炸裂したのでした。面倒な野菜の下ごしらえにはじまり、着火剤を使用せずに炭だけで火を起こしたり、手際よくタープを張ったりと、とにかくテキパキと楽しそうに動き、Bさんのおかげで BBQ は大いに盛り上がったのでした。

話を聞いてみると「アウトドアが大好きで毎週のようにキャンプに行っている」とのこと。見た目の印象とあまりにも違うBさんの本格的な趣味に、参加メンバーの全員が感激したといいます。

こんなふうに、珍しい特技や変わった趣味ではなくても、本人の見た目や言動、イメージとギャップがあるものをひとつ持っていると魅力に変わるものです。

Aさんのような「仕事ひと筋だと思っていたのに、女らしい部分があった」、Bさんのような「女らしいイメージだったのに、男前な行動力があった」というギャップは意外性があり、その人のことを「もっと知りたい」と、興味をかきたてられるのです。

ときには「自分とは正反対の女性」になってみる

この〝ギャップ理論〟は、恋愛にも当てはめることができます。意外性のある女性に対し、男性は「もっと知りたい」と思うものなのです。

もしも、自分のなかにまだギャップを見つけることができていない人は、これから探せばいいだけのことです。ギャップの見つけ方は簡単です。次の3つのステップで、あなたのギャップを探っていきましょう。

Step 1

自分の客観的なイメージを想像する

「あなたが周りの人たちに、どんなふうに見えているか」を想像してください。それを知る近道は、周りの人からのなにげないひと言がヒントになります。「おとなしそうだよね」「ハキハキした物言いだね」「サバサバしていていいね」「女の子らしい服が多いよね」など、周りの人からよく言われることを中心に、自分の客観的なイメージをあげてみましょう。

例：おとなしく見える
例：ハキハキした物言いをする
例：サバサバしているように見える
例：女の子らしいファッションだ

Step 2

「○○なのに××だ」に当てはめる

ステップ1であげた項目に対して、反対の意味を持つ言葉を考え、「○○なのに××だ」という公式を完成させせましょう。

例：おとなしく見えるのに、アクティブだ
例：ハキハキした物言いをするのに、人見知りだ
例：サバサバしているように見えて、デリケートな面もある
例：女の子らしいファッションをしているのに、男らしい言動に憧れる

Step 3 「××だ」の範囲で好きなことを考える

ステップ2の「××だ」の言葉に当てはまるような範囲で、自分の好きなことを考えます。それが好きなことだったり、自分の趣味に合ったことだったりすれば、あなたのギャップは完成します。

例：おとなしく見えるのに「山登りが大好きだ」
例：ハキハキした物言いをするのに「恋人と二人きりになると甘えたがる」

例：サバサバしているように見えて「スポーツ観戦で泣いてしまうほど涙もろい」
例：女の子らしいファッションをしているのに、「趣味は格闘技を観ることだ」

注意したいのは「××だ」の部分をネガティブなものにしないこと。「仕事ではマジメだが、お金にはルーズだ」「清純タイプのように見えるが、浮気性だ」といったネガティブなアピールは、いくらギャップを感じてもプラスに転じないことがほとんどです。

ギャップを考える際は、あくまでも「かわいげ」を感じるものがベスト。わざわざ自分をおとしめるようなことは控えて正解です。

ときには、いつものあなたのイメージとは正反対の、「ギャップのある女」になって、意外性をアピールしてみてください。驚きが魅力に変わっていくことを実感できるはずです。

飽きられない女性は「甘」と「辛」の絶妙なバランスをとっている

魅力的な大人の女性なのに、「なぜか男運がなくて……」と嘆いている人に出会うことがあります。

本来なら**魅力的な女性の強みであるところの「気がきく」「包容力がある」「頭の回転が速い」**といった部分が一転、彼女たちの弱みになってしまっているパターンです。自分でも気がついていない可能性がありますが、彼女たちは、**男性たちがほしがるものを先回りして惜しみなく差し出してしまう、「与えすぎる女」になってしまっている**のです。

たとえば、「与えすぎる女」を、仕事のシーンで考えてみましょう。

仕事を頑張ると、上司からの評価は上がるもの。すると、上司は「できる人には、もっとたくさん仕事を振らないと」と判断し、次から次へと仕事が回ってくることになります。**「仕事ができる人ほど忙しい」**という、よくある状況です。

ですが、冷静に考えてみると、同じポジションであれば、隣でアクビをしている毎日ヒマそうな同僚とは同じ待遇で給料の額もそれほど差はないでしょう。上司はそのことに気づこうともせず、相変わらず自分にばかり仕事を振ってくるという現実。

それでも、「仕事ができない人」と思われたくないために、さらに頑張って仕事をこなす日々が続きます。やがて、**「私って、何のためにこんなに一生懸命に働いているのかしら」と苦しく感じるようになる頃には、パンク寸前の状態**になってしまいます。

……これが、「与えすぎる女」のお仕事バージョンです。

はじめは、自分の能力を活かし、自分が与えることで相手がよろこんでくれることにあなたのモチベーションが上がるものの、しばらくすると**相手はあなたから「与えられて当たり前」というモードに入ります。**

すると、あなたは自分のモチベーションを上げようと、「もっと頑張らなくては」と、疲弊することを省みずにさらに相手に与えようとします。

それが続くうちに、さすがのあなたにも相手に与えるものがなくなっていきます。残酷なようですが、**与えるものがなくなったあなたは、やがて相手に飽きられてしまう**ことになるのです。

「与えすぎる女」がもう一度愛されるための3つの処方箋

男性とのお付き合いでも同じことが言えます。**気がきけばきくほど、包容力があればあるほど、「与えすぎる女」になって、やがては飽きられてしまう危険性が高い**のです。

「与えすぎる女」になってしまうと、男性から軽んじられてしまうことにもなりかねません。せっかくの魅力が曇ってしまわないためにも、**もう一度、「この女**

性とお付き合いできてよかった」と思われる人に生まれ変わる必要があるでしょう。

「与えすぎる女」が自身の魅力を失うことなく、対等な立場で男性とお付き合いをしていくためには3つのヒントがあります。

Method 1

彼と少しだけ距離をとる

いつもより少しだけ彼と距離をとってみるのもおすすめの方法です。「なんだかいつもと違ってペースが狂うな」「やけにさびしいな」「ひとりで退屈だな」と相手に思わせる狙いです。

いつも一緒にいる相手ならなおさら、ひとりでいることが身にしみるはず。いつも当たり前のようにあなたに尽くしてもらっている男性は、あなたがいないことであらためてあなたの存在感や価値に気づくでしょう。

Method 2

手料理を「おあずけ」する

お付き合いが長くなれば、相手に手料理を振る舞う機会もあるでしょう。男性の多くは、好きな女性に料理をつくってもらうことが好き。手料理を振る舞ってもらうことに慣れてしまうと、外で食事をするのが億劫になる男性もいるほどです。

だからこそ、手料理をつくることを一度やめて、「おあずけ」の状態にします。料理が不得意な男性であれば早々に音を上げるはず。料理が得意な男性であっても、毎日のこととなると面倒なはずなので、結局はあなたを頼ってくることになるでしょう。

Method 3

第三者にほめてもらう

たとえばあなたと彼との共通の友達やあなたの先輩など、彼の前で第三者の口からあなたのことをほめてもらうのも効果的です。

自分で「私ってこんなにすごいのよ」と言っても信ぴょう性に欠けますが、第三者が「○○さんて、女性から見ても素敵ですよね」「○○さんが彼女だなんてうらやましい」というように。客観的な評価があり、それがプラスのものであると、あなたとお付き合いしている相手もうれしく感じるもの。「こんな人を手放すなんてもったいない」と思うようになります。

忘れてならないのは、**「与えすぎる女」は、もともととても魅力的な人だということ**です。ただ、少し謙虚だったり、機転がききすぎたりするために、割を食ってしまうこともあるのではないでしょうか。我慢を重ねて心が苦しくなってしまう前に、ぜひ自分を大切にする手を打ってみてください。

LESSON 3

変える

すっと結婚していく女性たちは「はじめてセックスするタイミング」を流れにまかせない

「学生の頃、『好きな人ができても、結婚するまではセックスはしない』と話していた友達が同じグループにいました。当時は私たちに『今どき時代遅れじゃない？』と笑われていましたが、結局、その子は20代半ばで結婚。2人の子どもの母親として家族4人で幸せに暮らしているのを見ると、いまだに結婚を考える恋人がいない私たちとしては、なんとも言えない気持ちになります」――こんなことを話す女性がいました。

話を聞かせてくれた女性は、誰もが聞いたことのある企業に勤務する30代の女性。**「男性とは何人か付き合ってきたけれど、なぜか結婚にはいたらず。出会って何度かデートをしたのちにセックスをして、数カ月たつとマンネリ化がはじまり『別れよう』という流れになる。仕事はそれなりにやりがいもあるけれど、このままずっと独身で働き続けていくのかと思うと不安になる」**とのことでした。

彼女のような女性は、意外と多いのではないでしょうか。男性からお声がかからないわけではないけれど、「付き合っては別れる」の繰り返し。結婚がゴールではないと思ってはいるものの、恋愛中にも彼とは結婚や子育ての話は出ないまま関係が終わってしまって虚しい思いをすることも……というパターンです。

「結婚が決まるまでセックスはしない」という誓いを立ててみる

もしも、こんなふうに**「出会い↓セックス↓マンネリ化↓別れる」というスパイラルから抜け出したいと感じたときは、思い切って自分に誓いを立てる**のもひとつの手です。自分への誓いの内容は、**「結婚が決まるまで相手の男性とセックスをしない」**というものです。これまでの経験や現在の年齢には関係なく、次の恋愛では一度セックスから遠ざかってみることを試してみてはいかがでしょう。

その理由は、セックスがもたらす意味が男女間では受け取り方が大きく異なるからです。

前章でも少しお話ししましたが、男性にとって恋愛のピークは相手の女性とはじめてセックスをするタイミングです。「就職活動で内定をもらう」「受験で志望校に合格する」といったことと似た心境で、「好きな女性とはじめてセックスをする」という状況は、男性にとって幸福の最高地点にいるのです。

ところが、どんなに望んで入った企業や学校でも、毎日のことになれば慣れるもの。そうなると最初の頃に感じた達成感や優越感は、時間がたつにつれ忘れていくでしょう。

残念なことに、この現象は恋愛にも当てはまります。つまり、**男性の、付き合っている女性とはじめてセックスしたときのよろこびや満足感、「やっと手に入れることができた」という感激は次第に薄れていってしまう**のです。

「毎日のように会っていたデートが週1ペースになった」「素敵なレストランで

食事をしたこともあったが、今ではせいぜい近所の居酒屋どまりになった」「旅行や遠出をしようと提案しても『面倒くさい』『疲れる』と拒むようになった」といった、お金や時間、労力を出し惜しみするようになるのも、男性にはそういう仕組みがあるからです。

一方、**女性の場合、「好きな男性とはじめてセックスをする」というのは、相手の男性を恋人として受け入れたことを意味します。**それまでは半信半疑だった男性の気持ちに対し、信頼して受け入れ、「私もあなたのことが好きになったわ」という、自分自身の気持ちのけじめとしてセックスをすることが多いのではないでしょうか。女性にとって、セックスをした時点から相手の男性との恋愛関係がスタートすると言ってもいいでしょう。

セックスが持つ意味は、男女間ではこれだけ大きく異なるのです。

「セックスをしたら恋愛関係のマンネリ化がはじまる」という男性の性質を理解

できれば、あとはそれを活用して女性の側が主導権を握る恋愛ができるようになります。つまり、**「したい男」が「させるのを迷っている女」を追いかける形をつくれば、恋愛は長続きしていく**ことになります。

日本でも、1960年代までは「婚前交渉はなるべく差し控えましょう」という風潮が一般的だったので、セックスにつられて結婚を決めた男性も大勢いたと思われます。時代は変わっても、基本的な男女の仕組みは変わっていません。

むしろ、昔よりセックスへのハードルがそれほど高くなくなった時代だからこそ、自分の恋愛パターンを変えるためにあえて「セックスを簡単にさせない女」になってみるのもアリではないでしょうか。

LESSON
3
変える

意地っ張りな性格は ほんの少し「かわいげ」があれば 〝大人のかわいさ〟に変えられる

「意地っ張りな性格を直したい」「意地っ張りな自分を変えたい」と思っている人は少なくないようです。

男女ともに恋愛経験の浅いうちは、意地を張っても「仕方ないか」と受け入れてもらえたこともあったでしょう。あるいは、意地を張ることが恋の駆け引きを生み、盛り上がるスパイスになったこともあったかもしれません。

ですが、酸いも甘いもかみ分けた魅力ある大人の女性に意地や見栄はいりません。**大人の女性の意地は「強情さ」に、見栄は「凄み」に、それぞれ変わってしまう**からです。

魅力的な大人の女性にとって忘れずに残していたいのは「かわいげ」です。いくつになっても大人のかわいさを秘めている人は魅力的だと思うのです。

大人の女性は「謝り方」も大切です。

意地を張ったばかりに謝り方がうまくいかなかったり、謝るべきタイミングで謝れなかったりすると、あとあとまで人間関係にしこりを残すことになります。

つい意地を張ってしまう性格を変えることはなかなか難しいことのように思えますが、意地を張りそうになったときでも、トラブルを招かない方法はあります。**意地を張ってもかわいく収めるにはちょっとしたコツがある**のです。

「たしかにちょっと意地っ張りになってしまうところ、私にもあるな……」という自覚のある人は、次に紹介する3つのうち、自分に合った方法を選んで試してみてください。

Method 1

自分から歩み寄る

大人のトラブルは、どちらかが一方的に悪くてどちらかが100%潔白、ということは珍しいもの。多くの場合、白黒つけるのが難しいケースでしょう。だとしたら、潔く「ごめんなさい」と先にあなたのほうから歩み寄ったほうが、ずっと大人らしいしアドバンテージがあると言えるのではないでしょうか。

もしも後になって、あなたのほうが正しかったと判明しても、先に歩み寄る態度を見せたあなたは「勇気があって賢い人」と相手から感謝されるはず。

大切なことは、どちらが先に折れるかではなく、余計なトラブルを招かない、ということです。

Method------2 「6秒」待つ

カチンときたりイラッとしたりしたときは、すぐに反論や弁明をしたくなってしまうもの。ですが、売り言葉に買い言葉では火に油を注ぐだけで解決にはいたりません。

1970年代にアメリカで開発されたアンガーマネジメントという手法は、怒りを上手にコントロールしてプラスの効果に好転させる方法。

プロのアスリートやビジネスパーソンの企業研修などでも取り入れるところが増えている感情コントロール法です。これによれば、カチンときたりイラッとしたりしたときは、「6秒待つ」のが基本とのこと。6秒待つことで怒りの感情は自然と収まっていくと言われているのです。深呼吸をしたり、席を離れたりして、まずは6秒待ってみるようにします。すると、必要以上にトラブルをこじらせずに済むはずです。

Method 3

相手に提案する

この方法は、気ごころの知れた相手にしか通用しないかもしれません。あなたのキャラクターを理解してくれていて、トラブルがあっても関係が修復できるとわかっている間柄では効果的な方法です。

具体的には、「私のほうから謝ったら、許してもらえる?」あるいは「『ゴメン』って言ってくれれば、許してあげてもいいかな」と和解を提案します。
大切なポイントは、「かわいらしく言う」というものです。居丈高な物言いをすると、相手はさらに怒りが沸騰して「はぁ？　何言ってるの？」と逆効果。あくまでも、かわいげを見せて伝えること。子どもが頬を膨らませたり、口を尖らせたりしてちょっとスネているようなイメージで相手に探りを入れつつ、提案してみましょう。

意地っ張りな性格は少しの工夫と努力によっては「大人のかわいさ」に変わるものです。人間関係をできるだけトラブルなく、シンプルに築いていくためにも身につけておきたい知恵でしょう。

LESSON 3

変える

別れ際のアクションひとつで、「また会いたい人」になれる

「この人とまた会いたいな」「次はいつ会えるかな」と相手に思ってもらえるのは、誰にとってもうれしいことです。**去った後まで好印象を残せるところに、魅力的な大人の女性ならではのエレガンスを感じます。**

女性誌やビジネス誌の特集ではよく「第一印象をアップさせるコツ」「初対面の印象でほぼ決まる」のようなフレーズが並んでいます。いずれも、ファースト・インプレッションの大切さを強調しているテーマで、ファッションや挨拶の仕方、話の聞き方などを解説しています。

ですが、じつはその人の印象を決めるのは第一印象だけではありません。「別れ際にどういう印象を残せるか」も、その人の魅力を左右する大事な要素。**余韻が美しい女性にこそ、「また会いたいな」「会えたらうれしいな」と相手は感じる**からです。

今まで第一印象のことは気にしても、別れ際に残す印象について意識したことがなかった人も多いのではないでしょうか。魅力ある大人の女性に変わるためには、ぜひ心がけてほしいことでもあります。

では、具体的に「また会いたい」と思わせるような女性になるためには、別れ際にどのような行動をとればいいのでしょうか。

私がおすすめするのは「別れ際に握手をする」ことです。

日本では、政治家や有名人などをのぞき、一般的にはなかなか握手をする習慣が根づいていません。正しい握手の仕方を教わったことのある人もほとんどいないのではないでしょうか。

ですが、外国では握手は日常的なコミュニケーションのひとつとして広く行われているほどメジャーなアクション。**大人の女性のたしなみとして、正しい握手の仕方を身につけておくと、外国でも役立つでしょう。**

相手に好意を持ってもらうための握手には3つのポイントがあります。

Point❶
相手の手を奥まで深く握ること

Point❷
相手の目を見ながらほほえみ、握った手は強く、長く、上下に振ること

Point❸
ただし、握手と同時に会釈はしないこと

日本ではまだ別れ際に正しい握手をして爽やかに立ち去る人が少ない分、あなたの印象はいつまでも相手の心に残るインパクトを与えることができるはず。「凛として自立した美しい大人の女性だな」と思われる可能性は高いでしょう。

握手について、「女性から握手を求めるなんて、失礼ではないですか？」「照れくさくて『握手してください』とは言いにくい……」という人がいますが、それはまったくの思い込み。女性に握手を求められてネガティブな反応を示す男性はほぼいないと思って間違いないでしょう。

その証拠に、男性が好む女性からのアプローチとして「ボディタッチ」は、いつもトップにランクインしていると思いませんか？ そのくらい、男性は女性に触れられることを本能的に好ましいと感じるものなのです。むしろ、男性の腕や体をさりげなくタッチする勇気と努力を思えば、握手のほうがよほど正統派で清潔感のあるコミュニケーション法ではないでしょうか。

女性から求めても
マイナスにはならない「握手」

それでもまだ、「女性から握手をするのはちょっと……」と疑問に思っている人に、女性が握手をすることが好印象をもたらす結果となった2つの有名な実験をご紹介します。

ひとつは、アラバマ大学チームが2000年に行った研究です。チャプリン博士らは、握手と好感度の関係について、男子48人、女子64人の合計112人を対象に実験を実施。その結果、次の3つのことがわかったと報告しています。

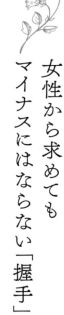

結果1．握手の仕方により、相手の印象が変わる
結果2．「正しい握手」をすることで、おおむね友好的で社交性があるといった「ポジティブな性格を持つ」と判断される
結果3．よりリベラルで知性と社交性がある女性は正しい握手をする傾向があり、好意的にとらえられる

正しい握手をすると、相手にとって「魅力的な人」として印象づけられることがわかる実験結果でしょう。

もうひとつの実験は、アメリカの心理学者スチュアート博士らによる、握手と就職活動時の面接の印象を調べたものです。

ちなみに、アメリカでは就活の面接時には、最初と最後に必ず握手をする習慣

があります。
実験の結果からわかったのは次の3つのことでした。

結果1．正しい握手は、面接官の印象をよくする
結果2．とくに外向性という側面では重要
結果3．女性は握力が少ないからといって面接で損をするわけではない。女性が正しい握手をすると好印象につながる

ぜひ、今日から別れ際には正しい握手をしてみてください。きっと、あなたの印象はより魅力的なものに変わっていくはずです。

LESSON 3

変える

「子どもを産むこと」にとらわれない恋愛や結婚も選択肢としてはアリ

大人の女性にとって出産というライフイベントは大きなターニングポイントになるでしょう。最近では高齢出産している女性は珍しくないものの、年齢を重ねるにつれてリスクが高まるのも事実。**大人の女性の恋愛や結婚を考えるとき、子どものことは切っても切れない関係にある**でしょう。

もしも今、妊娠や出産、子育てといったことが自分にとって「まだ当分、考えられないかな……」と少し距離があると感じている場合、**子どもをつくらない人生の選択も視野に入れた恋愛や結婚を考えてみるのもいい**のではないでしょうか。

出産にはリミットがあります。ときどき、その出産のリミットだけを気にして焦っている人に出会うことがあります。「結婚はしなくてもいいから、子どもはほしい」が口グセになっている人たちです。

経済力のある女性であれば、パートナーとなる男性に収入面でそれほど高望みをしていないことが多いもの。そこで、身近なところで手を打つように結婚を急ぎ、その後まもなく夫婦間でトラブルが生じて夫婦関係が崩壊してしまう……という事態にでもなれば、元も子もありません。

後悔しないためにも、結婚の決断は慌ててしないことです。そして、子どものいない家庭を築く決断を視野に入れておくのもいいと思うのです。子どもがいないことをマイナスに感じ、後悔し続けて生きていく人生は苦しいかもしれませんが、**「子どものいない大人同士の結婚も悪くないな」と、愛するパートナーと二人で仲良く暮らしていく人生なら、幸せだと思いませんか？**

誰かに会う予定のない日でも「適当な服」で過ごさない

そんな大人同士の結婚をするためにも、30代になったらいつでも恋愛をはじめられるよう準備をしておくことが大切です。

肝心なのは、心の準備だけでなく、もっと具体的に、**いつ素敵な出会いがあっても、チャンスを活かせるような準備をしておく**ことです。

たとえば、毎日のファッションもそう。朝、クローゼットを眺めてコーディネートを考えるとき、「どうせ誰とも会う予定はないから適当な服でいいや」などと言って、**シワのついたシャツや毛玉が目立つようになったニットを引っ張り出して着こんではいませんか？**

これではせっかく新しい出会いにつながる出来事があっても、その波に乗れないままチャンスを見送ってしまうことになるでしょう。

『すべての女性が30歳までに知っておきたい30のこと』(CCCメディアハウス刊)という書籍には、**「理想の男性に突然会うことになっても、1時間以内でいつでも会いに行かれる服」というテーマで、持っていると便利な12のアイテムが紹介されています。**自信を持って出会いを楽しむためのアイテムをセレクトしたのは、雑誌『グラムール』のエグゼクティブ・ディレクターを務め、『VOGUE』にもスタイリングを提供しているアン・クリステンセン氏。彼女が選んだ12のアイテムを書籍から抜粋、編集してご紹介します。

■ Outer, Tops & Inner

・ジャケット……サイズがピッタリ合っていることがポイント。
・白シャツ1……シャキッとした白シャツは清潔感のある定番アイテム。
・白シャツ2……柔らかい肌触りでラグジュアリー感のある上質なものも一枚あると便利。
・タンクトップ……レース付きのものを、Vネックのトップスやジャケットの下に着ても。

■ One-piece & Bottoms

・ワンピース……自分に似合う色を見つけ、美人度がアップするようなものを選ぶ。
・ブラックジーンズ……オフィスでも着られるし、ちょっとした外出にも重宝する。
・ミニスカート……トップスはシーンに合わせる。

■Shoes & Accessory

・黒パンプス……スタイルよく見せるアイテム。
・バレエシューズ……フェミニンで歩きやすく、どんなコーデにも合う。
・アクセサリー……ネックレスやバングル、ピアスなど。
・クラッチバッグ……シンプルなコーデを引き立てる効果も。
・黒タイツ……冬場はあたたかく、コーデがオフィシャルな印象になる。

このように、ファッションのプロがおすすめするアイテムは、意外なことにどれもシンプルなものばかり。明日からすぐに取り入れられそうなものもあると思いませんか？

プロのお墨付きのあるアイテムをいつものコーディネートに取り入れるだけで、「今日の私は誰かと突然出会っても大丈夫」というように、自然と自信が持てるようになります。

自信のある自分に変われば、新しい出会いのチャンスを活かせるはず。そんなふうに、毎日の暮らしのなかで自分を整えるところから、大人ならではの恋愛や結婚を楽しむための準備をはじめてみませんか。

LESSON

4

磨く

周りに惑わされることなく、
“自分らしさ”に磨きをかける

過去に経験した苦しい思いは、
すべて磨きのかかった魅力に
変えられる

若さで勝負できる年齢を過ぎてから、本人はもちろん周りが驚くほど魅力的になっていく女性がいます。

年齢を重ねるたびに魅力が開花する人たちには、共通点があります。

それは、**とくに20代の後半あたりからは苦しい時代を過ごしてきた経験がある**ということです。

苦しくなる理由はこうです。

10代から20代前半までは、若いというだけで何もしなくても見た目は美しく、内面だって「多少の経験不足は当たり前」と周りの大人たちに甘えることも許されるでしょう。

それが**20代も後半にさしかかると、そろそろ若さだけでは通用しなくなっていくのを、あらゆる局面で実感する**ことになります。

仕事面では、職場に昔の自分を見るような若くて眩しい後輩たちが入ってくるので、いやおうなしに「先輩」としての立ち位置を与えられることになります。仕事上のスキルの高さも求められるものの、ベテランというにはまだ経験も実力もともなわず、焦る気持ちだけが募るのもこの時期。**「もう新人ではないけれど、だからといって自分のキャリアに自信が持てるほどではない……」**とモヤモヤを抱えるのです。

プライベート面では、結婚や出産といったライフイベントを経験する友達も増えはじめます。愛する人たちと進むべき未来が見えた友達にうらやましさを感じつつ、**「私の人生、これでいいのかな?」**と疑問に感じ、少しグレーな気分になるひとりの週末もあるでしょう。

「自分を変えたい」という気持ちはエネルギーになる

じつは、こういう時期しか味わうことのできない焦りや不安、「変わりたい」と思う気持ちこそが大切なのではないでしょうか。

この時期に「自分を変えたい」と思う気持ちがエネルギーとなって行動をはじめた人たちが、年齢を重ね、次々と魅力的な大人の女性として美しい羽を広げていくことになるからです。

今、「変わりたいのに変われない」と感じている人は、まだ正しい変わり方を知らないか、これまで試してきた方法が間違っているだけのこと。本書で気づくことができれば「手遅れ」にはなりません。

そして、それはドラスティックな改革ではなく、**毎日していることを見直すだ**

けでいいのです。

たとえば、年齢を重ねるたびに魅力的な大人の女性に変わった人たちに話を聞くと、総じて「習慣になっていることに、ほんの少し磨きをかけただけ」と笑って答えます。毎日、少しずつ、それまでの自分の**生活習慣や考え方に磨きをかけていくことが、未来を変えることにつながっている**のです。

本章では、30歳を過ぎてからみるみる魅力的に変わっていった女性たちが、実際に実践して効果があったことや知っておいたほうが得なことを集めてみました。「磨きをかける」ということの具体的な方法がたくさん詰まっていますので、ぜひ参考にしてください。

LESSON
4
磨く

すべての女性は「美人に見せる才能」をすでに持っていることに気づこう

年齢を重ねるたびに魅力的に変わっていく人たちのなかで、生まれつきの美人だったり、もともとスタイルがよかったりする人は、じつはごくまれなことだと思います。

多くの場合、自分自身を変えようと思って行動した結果、**美人っぽく見える雰囲気をまとうヘアスタイルやメイク、仕草のコツを学び、スタイルがよく見えるファッションのコツを身につけることで、後から魅力を膨らませていっている**のです。

つまり、顔のパーツやレイアウト、スタイルのよしあしなどは、「天然もの」ではなくても十分、魅力的に見せることが可能だということ。**見た目は、自分で自由にコントロールできるもの**なのです。

そもそも男性は、女性と出会ったとき、その人が「生まれつきの美人」なのか「努力の末の美人」なのかには興味がないことがほとんどです。ドレスの下に補正下着を着ていようと、スッピンになるとのっぺりした顔が現れようと、出会った時点では気づかれていないと思って大丈夫。男性の大半は、そこにさほどこだわりはないと思っていいでしょう。

裏を返せば、だからこそ「見た目には気を配るべき」とも言えます。自分でコントロールできる範囲のことだからこそ、**美しく見せる工夫をしたほうが自分のために得**である、ということになります。

……ここまでお読みになって、疑問を持った人もいるかもしれません。「あれ？ たしか前項では『見た目』より『家事の能力』を磨くほうが魅力度は増す、ということを書いていなかった？」と。

たしかに男性が、生涯を通じてパートナーとなる相手の女性には「見た目」より「家事の能力」のレベルの高さを求めるのは事実です。ですが、誤解していただきたくないのは、「見た目を磨くことには手抜きをすべし」などと言いたいわけではない、ということ。むしろ、**「それほど注力しなくても、見た目の魅力を**

磨くのは簡単なことですよ」とお伝えしたいのです。

ところで、女性と出会ったとき、男性がまずその女性のどこを見ているか、知っていますか？

じつは、「顔」ではないのです。

そのことがわかる実験の報告があります。オーストリアのカール・グラマー博士によると、被験者の目の動きをカメラで追った実験では、**男性は最初に女性の身体の中心部分や下半身を見る**ことがわかったといいます。身体の中心部分や下半身とは、生殖に関する重要な部分のことです。

一見、女性のファッションをチェックしているように見えて、じつは男性が気になっているのは中身のほうだった、というわけです。

実際に見えることはないものの、生殖力をチェックするような視線を送ってから、その後、少しずつ視線を顔のほうへと上げていく傾向があるそうです。

相手から4・5秒見つめられたら「脈アリ」のサイン

ほかにも、男性の視線に関する興味深い実験の報告があります。

「男性がじっと見つめる時間が長いほど、見つめられた相手の女性は、その男性から好意を持たれている」というものです。じっと見つめることを「凝視」と言いますが、男性の場合、凝視の長さと好意の度合いとは相関関係がある、と知られています。

決め手となる凝視の時間のポイントは「4・5秒」。つまり、**出会った男性が4・5秒以上あなたを凝視するようであれば、彼のストライクゾーンのなかに入ったサイン**ということです。

さらに、もしも相手の男性があなたを凝視する時間が「8・2秒」以上の長さだった場合、すでに彼はあなたに心を奪われている状態になっている、という実験結果もあります。

凝視の時間は、出会った男性との未来について「脈アリかナシか」をセルフチェックする役割を果たしているのです。

シャイなタイプの女性のなかには、「男性から見られるのが苦手」「相手にどう見られているのかを考えるとプレッシャーになる」という人もいます。男性からの凝視をうまくキャッチするためには、見られることに慣れる必要もあるでしょう。

もしも**男性から見られることに苦手意識がある人は、自信が持てるようなアイテムを身につけておく**のもおすすめです。

「このピアスをしていると勇気が出る」「この香水をつけていると周りからよくほめられる」というように。小さなアイテムでも味方につければ、大きな心強さになるものです。
私の知り合いは、「出会いの場には必ずこれを履いて行く」と決めているパンプスがあると言います。「イタリアには『いい靴は、素敵な場所につれていってくれる』という言葉があると聞いたので、そうなるといいなと思って」と〝勝負靴〟に思いを託しているようでした。

不思議なもので、自信が持てるアイテムを身につけると、なぜか自然と背筋は伸び、堂々とした態度でいられるようになるもの。そんな効果を活用しつつ、男性からの視線を余裕で受け止められるよう自分をチューニングしていくのも、大人ならではの出会いの楽しみ方かもしれませんね。

「話の聞き方」「立ち位置」
「小物の選び方」を
意識するだけで、
相手の視線の温度が上がる

「この人、こんなに素敵だったっけ?」「久しぶりに会ったら、素敵になっていて驚いた」と、思われたらうれしいと思いませんか?

魅力的な大人の女性に変わるためのスタートとして、まずは即効性があって簡単に挑戦できる「磨きのかけ方」をご紹介します。

男性の視点から見ても納得感があるものばかりです。ぜひ、実践しやすいものからはじめてみてください。

Method 1

居心地のよさを感じさせる「リアクション」

「相手が魅力を感じるのは、『話し上手』より『聞き上手』」というニュアンスの言葉を聞いたことがある人は多いのではないでしょうか。

たしかに、「おしゃべり好きの人」より「どんなことでも、きちんと聞いてくれる人」のほうが一緒にいたくなる相手ですし、信頼度も厚く感じられるでしょう。聞き上手であることは、性別を問わず「モテる人」の条件でもあると言えそうです。

大人の「聞き上手」は、話を聞くときのテクニックを持っているだけではありません。どんな話題であっても、「話を聞くときの姿勢にブレがない」ということが大切なポイントになります。

具体的な話を聞くときの姿勢とは、**「まずは、相手のことを認める。そして、肯定する」**です。私たちには誰でも、相手から認められたいという強い気持ちがあります。心理学上ではこれを「承認欲求」と言います。

この「認められたい」という気持ちを満たしてあげること。うなずく、ほめる、驚く、感心する……というように、**相手の気持ちを認めて肯定することが、相手から好意を抱かれることにつながる**のです。

つまり、話の聞き方の磨き方としては、いつでも相手のことを認め、それをきちんと相手に伝える姿勢を貫くこと、ということになります。

では実際に、どういう聞き方をすると、相手の承認欲求を満たすことになるのでしょうか。

▼聞き方を磨くリアクション「さしすせそ」

「さすがです!」

「知らなかった」

「素敵ですね」

「せっかくですから」

「そうなんですか!」

▼聞き方を磨くリアクション「あいうえお」

「ありがとう」

「いいですね！」

「うれしいです」

「えー、すごい！」

「おおっ、さすがですね！」

いかがでしょう。言葉にしてみると意外とシンプルなフレーズですが、実際に口に出して言っている人はあまりいないのが事実。だからこそ、あえて音声にすることで「私はあなたの言うことをきちんと受け止めていますよ」という気持ちが伝わり、相手は**「この人と話していると居心地のよさを感じるな」というように好意を抱きやすくなる**のです。

Method 2

二人の距離が近づく「ポジショニング」

相手と話すとき、お互いの立ち位置を意識した経験がありますか？もしまだ「そんなこと、考えたこともない」という人は試していただきたい会話時の磨き方があります。気になる相手とは「50㎝以内の距離で会話する」というものです。

これは、心理学者のケーゲル博士の研究報告にもとづいています。ケーゲル博士が行った実験は、男性一人と女性二人を対象に、距離が相手に与える影響について調べました。

一人の女性は男性から2m離れたところに、もう一人の女性は男性と50㎝という至近距離にそれぞれ立ち、三人で共通の会話をする、という内容の実験でした。

その結果、男性は50㎝の距離にいる女性のほうにより好感を抱き、女性のほうも近くにいた人のほうが男性により好意を抱いた、とのこと。物理的な距離が心の距離も縮める結果になった実験です。

50㎝の親密ゾーンと呼ばれる距離で会話をするのと、2mの社会的ゾーンと呼ばれる距離で会話をするのとでは、相手に対する親近感がまるで異なります。**物理的な距離が近づくと適度な緊張感が生まれ、視覚や聴覚、嗅覚といった3つのセンサーが働くメリットもあります。**

会話をするときは二人の立ち位置を意識しつつ、気になる相手とは近い距離で会話するほど親近感が高まる、と言っていいでしょう。

Method……3

無条件で相手を惹きつける「小物選び」

いつも身につけるものを少し変えるだけで、周りからの反応が好転するケースもあります。

たとえば、小物選びもそのひとつ。透明感のあるビジューをあしらった趣味のいいネックレスや、耳元で揺れるキラキラしたピアスやイヤリングには、自然と視線がいきます。ほかにも、盛りすぎは禁物ですが、唇にさりげなくグロスを塗っておくのも輝きを放つという意味では相手を惹きつける効果があります。


じつは、多くの男性が無条件に好ましいと感じる3つの要素があります。「揺れる」「透ける」「輝く」です。

先ほどアクセサリーをおすすめした理由は、**男性の心理として「揺れる」「透ける」「輝く」ものに対して、本能的に吸い寄せられてしまう**特性にもとづいています。

あなたはいつも、どのようなピアスやイヤリング、ネックレスを身につけていますか?

もしも「トレンドを意識して選んでいる」「そのときどきで好みのものを選ぶようにしている」「洋服に合ったものを選ぶ」という人は、男性からの好感度の高さを意識してアクセサリーを選んでみるという手もあるでしょう。

このように、特別な道具やハードルの高いテクニックは必要なく、いつもの習慣を少し変えるだけで魅力は磨かれ、輝きを増すようになります。

LESSON 4

磨く

結婚市場での「家事スキル」の高さは抜群の戦力になる

恋愛には、「恋愛市場」「結婚市場」「不倫市場」という3つのマーケットがあり、それぞれの場によって求められる要素が変わる、ということをお伝えしました。

ここをしっかり理解しておくと、魅力の磨き方の方向が見えてくるようになります。というのも、**せっかく自分を磨いても、磨き方の方向によっては、自分が求めていない相手を引き寄せてしまう**ことにもなりかねません。

たとえば、生涯をともにするパートナーを見つけたいと思っているのに、「とにかく見た目を磨くことを極めよう」とダイエットをはじめ、エステに通い、メイクやネイルにお金をかけて見た目を磨きあげたとします。

ところが、完璧に美しくなった挙句、「アプローチしてくるのは、明らかに遊び目的の男性か既婚者ばかり」という事態になってしまったら、どうでしょう？

本末転倒だとは思いませんか？

磨き方は「どれだけ磨きをかけられるか？」も大切ですが、それと同じくらい「どういう方向で磨きをかけていくか？」を考えてから行動に移すのも大事なこ

となのです。

もしも、「大人の男性からずっと愛されるような女性になりたい」と願うなら、それは恋愛市場や不倫市場で求められるような磨き方ではなく、**生涯のパートナーを探す男性がいる結婚市場で求められるような磨き方をする必要があります。**

では、具体的にはどのような方向で磨きをかけていくのが得策でしょうか。

男性が結婚相手の女性に求める「5つの条件」

結婚市場で女性に求められる要素を考えるヒントになるのが、国立社会保障・人口問題研究所の出生動向基本調査のデータです。それによると、「結婚相手の条件として重視する・考慮する」の割合の推移を示すデータでは、男性にとって最も重要だと考える結婚相手の条件は次の5つだと発表されています。

■男性が結婚相手の女性の条件として重視することベスト5（「第14回出生動向基本調査」より）

1位「人柄」
2位「家事の能力」
3位「仕事への理解」
4位「容姿」
5位「共通の趣味」

この結果から言えるのは、**「この女性とずっと一緒にいたいな」と男性が思うのは、人柄がよく、家事の能力が高く、自分の仕事への理解がある女性。**加えて、容姿が端麗で自分と共通の趣味があればベストカップルだと感じられる、ということになります。

恋愛市場や不倫市場では見た目のよさは最優先事項でしたが、驚くべきことに結婚市場では4番目に下がることにも注目。つまり、**男性から生涯のパートナーとして選ばれるようになるためには、見た目のよさを磨くより、家事についてのスキルアップを目指すこと。**そのほうがよほど「磨きがい」がある、ということになるのです。

「家事のスキル」を磨くとリターンも大きい

5つの項目のなかで、「人柄」と「仕事への理解」はスキルアップのための努力をするというよりは、人生経験を積んでいくことでブラッシュアップされること言えます。

「家事の能力」は磨けば磨くほど輝きを増すもの。**美味しい料理のレパートリーを増やす、掃除や整理整頓のコツを学ぶ、お金の管理の仕方や効率的な貯蓄のノウハウを身につける、というような家事に関する腕を磨く**ことは、あなた自身を輝かせるための大きな武器になるのです。

「容姿」の磨き方は、みなさんのほうが圧倒的によく知っているでしょうし、得意なところでもあると思います。

「共通の趣味」は気になる相手がいる場合、その人の趣味に詳しくなるのがベスト。もしも「どうしても趣味が違う」という場合でも、「面白そうですね」などと理解を示す態度をアピールすることは大切です。

ちなみに、同じ調査で男性が求める結婚相手の女性の条件として、低い評価を受けた項目もあります。それは、「職業」「経済力」「学歴」です。**女性の職業がどのようなものであるか、どのくらいの収入があるか、どのような学歴があるか、といったことは、男性が生涯のパートナーとして女性を考えるうえでとくに気になる点ではない、**という結果になったのでした。

「自分の磨き方がわからない」という人は、まずは家事の能力に磨きをかけるところから実践してみてはいかがでしょう。恋愛や結婚という目的を達成するだけではなく、あなた自身の実生活にも役立つ「学び」や「気づき」が必ずあるはずです。

魅力的な女性になるために、高価なコスメより効くのは「本物の笑顔」

「20歳の顔は自然からの贈り物、
30歳の顔はあなたの生き方。
でも、50歳の顔はあなた自身の価値がにじみ出るものよ」

フランスのファッションデザイナーでシャネルの創業者のココ・シャネルの有名な言葉は、大人の女性に勇気を与えるものではないでしょうか。**30歳からはあなたの生き方が顔にあらわれ、50歳になったときはそれまでやってきたことや感じたことなどあなた自身の価値が反映される、**とココ・シャネルは言っています。

つまり、**「変わろう」「変えたい」と思って毎日に磨きをかけながら過ごした人は、年齢を重ねるたびに魅力が増す**ということ。そう考えると、年齢を重ねることが怖くなくなると思いませんか？

たしかに、年齢を重ねていくことに対し、ネガティブな気持ちを抱くことがある時期は存在します。若い頃の肌のツヤやハリ、ボディラインなどに変化を感じ、

「あれ？」からはじまった疑問が、「どうしよう……」という焦りに変わることは男性にもあります。

ただ、**「とにかく、若いほうがいい」という価値観を持っていると、次第に苦しくなっていくのもまた事実**です。

というのも、年齢を重ねて魅力が増していく大人の女性たちの多くは、「『若いですね』と言われるより、『素敵ですね』とほめられたほうが、断然うれしい」と言います。

これは単純に「見た目だけをほめられるより、内面も評価されたい」ということだけではなく、**「今までの生き方を丸ごと認めてもらえるから」**という意味も含まれるからではないでしょうか。

ココ・シャネルの言葉にもあるように、若い頃とは違って、**30歳からは知識と感性で自分の進むべき道を切り開いていくことが顔に出る**もの。それを見て「素敵ですね」と言ってもらえるなら、こんなにうれしいことはないですよね。

実験からも幸福感を立証できた「笑顔の効果」

「素敵ですね」と言われる魅力的な大人の女性になるために、今日からできることのひとつとして男性の私からもおすすめしたいのが「笑顔を心がける」ということです。

「そんな簡単なこと？」と思うかもしれませんが、**笑顔には人間関係を和ませ、知性を表し、免疫上の効用が期待できる**とまで言われています。

なにより、いつもなにかあるたびにバタバタしたり感情をむき出しにしてテンパっていたりする人より、いつでも心に余裕があって笑顔をたたえていられる人のほうが素敵ですよね。人は笑うことで長生きができて、健康になれるもの。だからこそ、**いつだって一緒に笑っていられるような笑顔の人には惹かれてしまう**

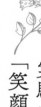

のでしょう。

たとえば、鏡の前にいるあなた自身をイメージしてください。できてしまったシミやソバカスを嘆き、眉間にシワを寄せて一生懸命に高級なコスメを塗り込むときのあなたより、**スッピンでも口角を上げてほほえんでいるあなたのほうがずっと「かわいらしさ」や「愛しさ」を感じる**と思いませんか？
笑顔にはそのくらい人を魅了するパワーが備わっているのです。

笑顔のパワーについては、アメリカで30年以上にわたって行われた実証研究からも知ることができます。

米カリフォルニア大学バークレー校の心理学者リー・アン・ハーカーと、ダーカー・ケルトナーが行った実験では、カリフォルニア州にある女子大学の学生の卒業アルバムを活用し、写真に写っているときの笑顔を分析しました。目の周りの筋肉が収縮する度合いで「本物の笑顔」のレベルをチェックし、30年後、女子学生たちがどのような人生を送っているのかを調査したのです。

ちなみに「本物の笑顔」とは、フランスの精神内科医のデュシェンヌが発見したことから、「デュシェンヌ・スマイル」と呼ばれています。デュシェンヌ・スマイルは口角が上がり、目じりが下がっている状態の笑顔を言います。

実験の結果では、デュシェンヌ・スマイル度が高い、**本物の笑顔をたたえている女性は、順調な結婚生活が続いていて、結婚への満足度も高く、おおむね健康だった**ということです。

笑顔でいることは、幸せな結婚をして心も満足できる人生を送る秘訣。だとしたら、今日から口角を上げ、目じりを下げて笑うデュシェンヌ・スマイルを自然に浮かべられるような「笑顔の磨き方」を工夫してみませんか？ 本物の笑顔をめがけて、幸せは自然と向こうから飛び込んでくるはずです。

「相思相愛」と「自己成長」を手にする〝欲張りな女〟になろう

「ゼロからスタートして恋愛のプロセスを踏むことに対して今ひとつ乗り気になれない」「自分自身の『恋愛スイッチ』がなかなか入らない」という人がいます。

素敵な出会いは望んでいるものの、その出会いを活かして恋愛や結婚に結びつけるパワーが不足している、という状態です。

この場合、出会いの場の見つけ方に磨きをかける必要があります。

なぜなら、**その出会いがかけがえのないものになるか、単なる通過点で終わってしまうかは、「自分に合う人がいる出会いの場に行くことができるか」にかかっている**からです。満足できる相手に出会う可能性の高い出会いの場に行くことが大切なポイントになります。

じつは、出会いの場の見つけ方のコツは、とてもシンプルです。

出会う人の分母を増やすことが、あなたにピッタリの人と出会う近道。単純な「確率」の問題でしかありません。

たとえば、今まで飲み会に参加したことはあっても、男女比が3対3でそのうちの幹事の男女2人がカップルの場合、新しく出会える男性はたったの2人ということになります。貴重な数時間と数千円を投資しても、2人の男性としか出会いがないなんて割が悪すぎると思いませんか？

「これまでいい出会いがなかった」という人は、**「いい出会い」がなかったわけではなく、まだ出会い場への参加の回数が足りていないだけ**のことかもしれません。**数多くの男性に会った分だけ「いい出会い」の確率は高くなる**のです。

結婚式の二次会や異業種セミナーなどのリアルな集まりはもちろん、各種イベントやオフ会といったオンラインを活用した集まりまで、**一度にたくさんの新しい出会いがある場所へ積極的に足を向けてみることをおすすめします。**

自分も成長できる「いい出会い」の見つけ方のコツ

もうひとつ、出会いの場の見つけ方の磨き方として「視野を広げて考える」ということも、包容力のある大人の女性にはふわさいしい方法ではないでしょうか。いわゆる〝理想のタイプ〟の人だけではなく、もっと範囲を広げて恋愛や結婚の対象を考える、というだけではありません。もっとグローバルな広げ方もあるでしょう。たとえば、**今までただ漠然と日本人だけとの出会いを考えていた人は、外国人との出会いにも目を向けてみると楽しい出会いの機会は増えていきます。**

今から40年以上前の１９７５年のデータによると日本で結婚したカップル全体に対し、妻が日本人で夫が外国人のカップルの割合は約０・３％とわずかなものでした。１０００組のカップルのうち、たった3組だけが外国人のパートナーを持つ女性だったのです。

ところが時代は変わり、国際化が進んだ今では、妻が日本人で夫が外国人の割合は約3・4%と10倍以上に増えました。**かつては「1000組に3組」だった国際カップルも、今では「100組に3組以上」と急増しているのです。**

ちなみに、2015年現在の国籍別の婚姻実績も発表されています。

妻が日本人で夫が外国籍の場合、上位5つの国は「韓国・北朝鮮」「アメリカ」「中国・台湾」「イギリス」「ブラジル」と多様化しています。

オムロンヘルスケアとワコールの共同プロジェクトの「外国人男性に聞いた日本人女性の歩き方に関する調査」では、**日本人女性を「カワイイ」と感じている外国人男性の割合は、なんと98%にものぼる**という結果が報告されています。外国人男性にも、日本人女性が魅力的に見えている証拠。外国人男性との出会いに、もっと期待してもいいのではないでしょうか。

旅行先の外国で知り合う機会はまれでも、日本に滞在している外国人との出会いは珍しくなくなった今、**外国語教室やスポーツ観戦など、さまざまな機会で外国人との出会いを楽しむこともできる**ようになりました。

実際、「日本に仕事で来ている外国人に、日本語を教えるボランティアで知り合ってお付き合いをはじめるようになった」「フットサルのチームに所属している友人から、会社の同僚の外国人を紹介してもらった」というケースもあります。

母国語が英語の相手なら、英語を活用したコミュニケーションが必須になるので、自然と英語を勉強するモチベーションも上がるはず。**恋愛を抜きに考えても、英語を学ぶ努力はマイナスにはならないので、英語のスキルアップという側面からもメリットは大きい**ことが予想できます。

実際に外国人とお付き合いをしてみると、コミュニケーションの壁を感じたり、文化の違いに驚いたりすることもあるかもしれません。ですが、お互いに異文化を尊重しながら成長していくこともできるはず。日本から視野を広げた先に、人生が変わる新しい出会いが待っている可能性もあるのです。

LESSON

5

試す

今の自分を受け入れ、
もっと好きになるために
試したいこと

〝本命の女〟が熟知している「恋愛×セックス」の仕組みが相手を夢中にさせる

出会いと別れを短期間で繰り返すお付き合いが続くようなら、「結婚」を切り札にして、結婚が確約するまで相手の男性とセックスをしないという手もある、という提案をLesson 3でお話ししました。**男性の「恋愛×セックス」の仕組みは意外とシンプル**だったことを知った人もいたのではないでしょうか。

ただし、それでもまだ「男性の仕組みは理解できたけれど、実際問題としてお付き合いしているのにセックスを拒んだら、相手の男性から嫌われてしまうのでは？」「『結婚するまでセックスをしない』と言ったら、『重い女』『面倒くさい女』などと思われて、交際を断られそう」といった不安や疑問を持ち、なかなかそれを言い出すことを試せない人もいるかもしれません。

そういった不安や疑問があるときに思い出してほしいのは、**「たとえ女性がセックスを拒んでも、男性が『本命の女』だと思えば自然と追いかけてくる」**という原理です。

出会った女性を、「遊びの女」と「本命の女」という2パターンに分けて考える場合、すぐにセックスをするような関係になる女性は、**「自分から投資をしなくても簡単にセックスさせてくれる女性＝遊びの女」だと思われやすい**もの。反対に、「ちゃんとした約束がないとセックスはしません」という女性は、**毅然とした振る舞いが「この人はきちんとした女性なんだな」と男性に思わせ、本命の彼女にしたいと思われる**ようになります。

「遊びの女」にならないための〝たったひとつのルール〟

経済学の面から考えても同じことが言えます。というのも、そもそも恋愛には「投資」がつきものです。

とくに男性の場合、女性に投資をすることで、セックスというリターンを獲得することが恋愛の原則です。**投資とは、前述したとおり、「お金」「時間」「エネルギー」という3つ**のこと。つまり、男性は時間とお金、エネルギーを活用してデートを重ね、気になる女性に投資をするのです。

投資をした後は、「いかに回収できるか？」に夢中になるのが私たちに共通している心理です。

株や投資信託に投資した虎の子のお金がゼロになってしまったら困って焦りまくるように、男性も**女性に投資したお金や時間、エネルギーの分だけセックスというリターンをしっかり得るために必死になる**のです。だからこそ、たくさん投資をした女性には、その分のリターンを求めようとして熱心に振る舞うようになるのです。

たとえば、こんな例で考えてみましょう。

ファストフードで1回ごちそうするランチデートをした女性と、そのまま運よくセックスができた場合、ランチ代の500円×2人分＝1000円と数時間、それに少しのエネルギーを投資しただけでセックスというリターンを得ることができたことになります。

一方、1人1万円のレストランで食事をするデートを週に1回、1年間続け、ようやくセックスにこぎつけた場合、ディナー代の1万円×2人分×1年間（52週）＝104万円。さらに、デートに費やした1人分の時間とエネルギーを加算すると、その女性に対して相当な投資をしてきたことになります。

1000円ちょっとでセックスができる女性と、100万円以上かけてセックスができる女性、どちらが〝安上がり〟かは一目瞭然。前者が「遊びの女」として扱われてしまっても仕方がない部分も、理解していただけるのではないでしょうか。

男性から見た場合、コストをかけずにお付き合いできる「遊びの女」とは、すぐにお別れしてしまったとしてもそれほどダメージはありませんが、**さんざん投**

資をした後に手に入れることができた女性に対しては、そうやすやすと手放すことはできないと思うようになります。

「遊びの女」になるのを避け、「本命の女」として追いかけてもらうようになるためには、セックスという資産を賢く活用するほうが、自分を大切にするためにもずっとお得な手段なのです。

願った夢が「叶った未来」から
逆算して、
今日やるべきことを決める

年齢を重ねると、自分に向き合って考える時間が少しずつ持てるようになります。そんなときにおすすめしたいのが、**「自分が叶えたいことをリストアップする」**というものです。

10代の頃は誰でもたくさんの叶えたいことがあったはず。「モデルになってランウェイを歩きたい」「パリに留学したい」「セレブと結婚したい」など、叶うかどうかは気にせず次々とやってみたいことや行きたいところなどを思いついたのではないでしょうか。

ところが今になって、いざリストアップしようとすると、「叶えたいことが10個も思い浮かばない……」という人が少なくありません。**年齢や経験を重ねたことで、あまりにも現実が見えすぎてしまい、願いを叶えることの大変さを先に予想してしまう**からでしょうか。

「そうはいっても、仕事の休みがとれない」といった時間のこと、「そんなお金、どこにあるの?」といった経済的なこと、「でも、もうそれほど若くないから」といった体力的なことなどを考えてしまうと、現実的にできそうなことがどんどん減っていく、という事態にもなるでしょう。

ですが、**自分が叶えたいことをリストアップすることは、あなたが次にとるべき行動を教えてくれます。**叶えたいことを明確にした瞬間、あなたの進むべき道が自然と見えてくるのです。

できない言い訳をあれこれ考えだしたり、「失敗したらどうしよう」とやってもいないことに二の足を踏んだりするのは、自分で自分にリミッターをかけているのと同じことです。**まずは時間やお金のことは考えず、ひとまずリストアップしてみましょう。**

「レシピ本を出版したい」「イタリアに留学して美術を学びたい」「今の会社を辞めて、カフェをはじめたい」「海辺の家で大型犬と暮らしたい」「幸せな結婚をして、子どもを3人生みたい」など、なんでも構いません。

次にすべきは、それを「ひょっとすると、叶えることができるのでは？」と自分自身に問いかけてみるようにします。

願った望みを必ず叶える「逆算の法則」

「夢を実現する秘訣は4つ『C』のに集約される。
それらは、
好奇心（curiosity）、確信（confidence）、勇気（courage）、継続性（constancy）で、
なかでも最も重要なのは「確信」である。
あることを信じるのなら、全面的に、絶対的に、疑いの余地なく信じなさい」
という、ウォルト・ディズニーが遺した言葉にもあるように、**一見、ハードルが高そうに思えることでも、それを信じて目標として設定すると、叶えるための**

行動が明らかになっていきます。

具体的に、たとえば「幸せな結婚をして、子どもを生みたい」を目標にする場合で考えてみましょう。

・「結婚して、子どもを生みたい」という目標の場合

目標を立てる際は、ゴールの設定も必要です。仮に目標達成のゴールを2年後にします。すると、「2年後に出産」ということになります。ここから逆算していくだけで、今週末、自分が何をするべきなのかがわかるようになるのです。

というのも、2年後に出産しているためには、1年後には結婚している必要があります。結婚の準備に半年間かかるとすると、今から3カ月後には「スピード結婚」でプロポーズを受けていることが必須です。

ということは、今日から3カ月以内に独身男性に出会って恋に落ちることが課題になります。残された週末は、あと15回。その15回を活用して、「最初の5回は、友人のツテを使って男性を紹介してもらい、会ってみる」「次の5回は、結婚相談所に行って相談、お見合いをする」「最後の5回は、実家に帰って母親や親戚に相談、お見合いをする」というプログラムを組むとします。

すると、今週末から早速、「友達に連絡をして結婚願望のある男性とのコネクションをつけよう」という具体的にするべき行動が明らかになるのです。


ほかにも、いろいろなことが「逆算の法則」によって叶うようになります。

たとえば、「今の会社を辞めて、カフェをはじめたい」という夢を叶える場合、目標にするためにはゴールの設定のほか、費用の計算が重要です。

仮に、「5年後には会社を辞めて、カフェをオープンさせる。資金は500万円かかる」という目標で考えてみましょう。

・「カフェをオープンさせる」という目標の場合

カフェをオープンするためにはさまざまな準備が必要になりますが、それも逆算して達成すべきことを割り振って考えていけばいいだけのことです。

オープンまでに5年間あるわけですから、「1年目は、開業のための基礎知識を学ぶためにスクールで学び、店のコンセプトを決める」「2年目は、物件選びや内装工事、設備などについて検討する」「3年目は、メニューと仕入れルートを決定する」「4年目は、開業に必要な資格を取得する」など、今の仕事を続けながら無理なく準備できるよう、現実的な計画を立てていきます。

それと並行して、費用も逆算して考えます。一度に500万円を捻出するのは難しくても、5年で500万円を貯めると考えればグッと現実味が増すことがわかります。500万円÷5年間＝1年間あたり100万円の貯金という目標のうち、夏と冬のボーナスでそれぞれ10万円ずつ貯金に回します。すると、あとは毎月6万円強、積み立てをしていけば目標の金額はクリアになります。


これが、願ったことを叶えるための「逆算の法則」です。

まずは叶えたいことを決める。そして、達成したい時期やかかる費用など具体的な項目を含んだ目標を設定する。そこから逆算すれば、今あなたがすべきことが明確になります。

「ひとりでいること」と
「孤独であること」の違いを
心に刻んでおく

「ひとりでいること」と「孤独であること」との違いを知っていることは、魅力的な大人の女性の大切なひとつです。

どちらもひとりでいることに変わりはないものの、それぞれの言葉が持つニュアンスは異なるもの。これを、英語で考えることもできます。

「ひとりでいること」はindependent、「孤独であること」はlonely。independentには、「ひとりでいることが好き」と感じていたり、自分で選んでひとりの時間を過ごしたりするポジティブなイメージ、lonelyには、自分の意志に反して「ひとりぼっちになってしまい、さびしい」というネガティブなイメージがそれぞれあります。

自分が好んで「ひとりでいること」と、本当はそうしたくないのに「孤独であること」は、じつはまったく別の状態なのです。

日本ではひとくくりで「おひとりさま」と表現することがありますが、じつはこれも細分化して考えることができる言葉でしょう。
「ひとりでいることが好き。自立していれば、自由を楽しめるから」という independent タイプもいれば、「本当は誰かと一緒にいたいのに、ひとりになってしまってさびしいし、虚しい」という lonely タイプもいます。

その境界線をきちんと理解していれば、「ひとりでいること＝solitary」を、自分を育てる大切な時間としてとらえることができ、自分の存在に自信を持つことができるのです。

気になるのは、independent と lonely が絡み合っている場合です。つまり、「本当は誰かと一緒にいないとさびしい。でも、そんな心のうちを知られてしまうのは恥ずかしいし、『かわいそう』と思われたくもない。だから、『ひとりでいるのも気楽でいいわ』と強がってしまう」というケースです。

これが自覚的ならまだ安心できます。なぜなら、**「本当はさびしい」という自分の本音がわかっている**からです。「本当はさびしい」→「だから、なんとかしてさびしくないように行動をして、自分を変えよう」と前に進むための心の準備ができている状態と言えるでしょう。

問題は、自分の本音に気づこうとしていない場合です。「本当はどうしたいの、私？」ということに向き合おうとせず、「とりあえず今はひとりでいることに、さほど不満はない。同じような境遇の女友だちもいるし、プライベートもそれなりに楽しいから」と強がってしまったり……。**何も行動を起こさないまま、楽に過ごせる現状維持を続けているのは、じつは危険なこと**かもしれないのです。

遠い未来ではなく「5年後の自分」を想像してみる

もしも、「先のことはどうなるかわからないから」と将来のことから目を背け、

「とりあえず今はこのままでいいかな」と思っているならば、**「将来」という何十年後の遠い先のことではなく、「5年後の自分」を想像してみることをおすすめします。**

今よりも5年分だけ年齢を重ねたあなたは、「とりあえず、まだ今は楽しいからこのままで」と今と同じままいられるでしょうか？

周りの女友だちが次々と愛する人を見つけて離れていってしまっても、焦ることなくいられるでしょうか？

「5年後の自分もindependentを楽しんでいられるわ」と言い切る自信がないなら、将来の自分を変えるための行動を起こすのは今しかありません。今日、あなたが行動を起こすことが、5年後のあなたの笑顔を変え、将来のあなたが手にするものを変えるのです。

LESSON
5
試す

積極性よりも大事なのは
「包容力」と「安心感」。
これをさりげなく匂わせる
女性は最強

ずいぶん前から「今どきの男性はおとなしくなった」と言われる時代が続いています。それでも、女性がイニシアティブをとって男性をグイグイと引っ張っていくのは好まれないことが多く、まだそれほど一般的な恋愛スタイルでもないでしょう。

とくに、魅力ある素敵な大人の女性の場合、煮え切らない男性に対し、イラッとくるシーンもあるかもしれません。

ですが**これからは、パーフェクトではない男性を女性が育てていくことも視野に入れつつ、恋愛の可能性を広げていかなくてはなりません。**

完璧な独身男性が誰のものにもなっていない可能性は極めて低いため、可能性を秘めた**「伸びしろ」のある男性を発掘し、育てていくほうがずっと効率よく満足できる恋愛につながっていく**のです。

そうした「掘り出しもの」の男性の筆頭として、いわゆる「理系男子」の存在があります。

理系職に就いていることもあり、女性とのコミュニケーションに慣れていない人も多く、ファッションにも無頓着。ですが、それらの課題がささいなことに思えるほど、**理系男子の学歴や収入が高い点には特筆すべきものがあります。**お付き合いしていくなかで自分の知らなかった世界を見せてくれたり、リッチな時間を過ごせたりと魅力的な部分をたくさん持っています。

このような理系男子をはじめ、「女性とのコミュニケーションに慣れていない」「自分を着飾ることやトレンドへの関心が薄い」「でも、磨けば光る才能を持っている」という男性とのお付き合いを考えたことがなかった人は、これから意識してみてもいいでしょう。

掘り出しものとおぼしき男性と出会ったら、まずは勇気を出して「連絡先を交換しましょう」と提案してみてください。

ただし、連絡先を交換して、食事をするような関係になっても、女性に奥手で不器用な男性ならではの「鈍感さ」が拭えないのは事実。そうした場合は、女性のほうがフォローしていく必要があります。

女性側に察してほしいことがあっても、思い通りにいくことはあまりなく、ジリジリした思いを抱えてしまうシーンも多々あるでしょう。距離を縮めるプロセスにかける時間も驚くほどゆっくりしたものが予想できます。

奥手な男性に効果絶大なアプローチのキーワードは「安心感」

そんな奥手で不器用な男性の鈍感さをさりげなくフォローしつつ、密かなアプローチをするコツがあります。

それは**「安心感を与えるコメントを心がける」**という方法です。

女性とのコミュニケーションが慣れていない男性は、女性について「感情の動きや身体の仕組みなど、全体的になんだかよくわからないもの」という印象を持っていることが多いため、「女性＝怖い」と感じていることがあります。

誰でも知らないことや新しいことに対してはじめて触れるときには抵抗があるように、女性とのコミュニケーションにも抵抗感を持っているのです。

だからこそ、その抵抗感の底にある不安をとりのぞくことが求められます。

それには、**安心感を与えるような言葉を会話のなかに織り交ぜていく**ことがおすすめです。

「デートをするなら、かしこまったレストランでフランス料理を食べるより、あなたの家で私が料理をつくって一緒に食べたいな」「二人が一緒に暮らしても、私も仕事を続けるつもりだから、生活のペースは今とそれほど変わりはないかもね」というように、**相手の好みに合わせつつ、会話のあちこちに「大丈夫だよ」というニュアンスを潜ませていく**ようにします。

すると男性は「この人となら一緒にやっていかれそうだ」「こんなに居心地がいいならずっと一緒にいたいな」とあなたに信頼を寄せるようになるのです。

こんなふうに、目には見えない形でさりげなくアプローチをしていくのが、これからの女性の賢い恋愛の進め方かもしれません。

LESSON 5

試す

相手のマイナス面を数えあげるより、自分の心を満点にする目線のあたたかさを持つ

年齢を重ねていくと、経験も増えていき、「人を見る目」も養われていきます。「あの上司は結論から先に話をしたほうが意見を聞いてくれる」「あのクライアントは気難しいところがあるから、機嫌のいいタイミングで交渉しよう」というように、人を見る目が的確だとビジネスでもプラスに働くことが多いのではないでしょうか。

ところが**恋愛や結婚においては、人を見る目が厳しいことがマイナスに作用するケース**もあります。

たとえば、新しい出会いがあっても、人を見る目が厳しいと「一見、『いいかな』と思ったけれど、話してみたら自分の自慢話ばっかりだったので×」「ファッションセンスが古いから×」「お会計のとき、1円単位まで割り勘にしたから×」というように、**相手のマイナス面にばかり目を向けてしまうようになります。これが「減点法」です。**

減点法は相手をシビアに評価できるという点では便利かもしれませんが、「×」

をつけて回った挙句、「○がつく人なんて、ひとりもいなかった」ということになったら、さびしいと思いませんか？

減点法で人を見ることが習慣化すると、世間を狭めることにもなります。なぜなら、誰かを紹介してくれるような友だちや知り合いから距離を置かれるようになるからです。「あの子に紹介しても、必ず文句を言うのよね」「せっかく紹介したのに、相手のケチばかりつけていて気分が悪かったわ」というように思われるのは、自分自身にとっても損なことでしょう。

減点法で人を見ることを恋愛に当てはめてもいいことはない、ということを覚えておきましょう。

結婚においても同じことが言えます。

「なぜいつも靴下を裏返したまま洗濯機に放り込むのだろう？」「どうしてもっと積極的に家事を手伝おうとしないのかしら？」などと思うことも、日常生活では起こります。これを減点法でとらえるようになると、さらに相手のささいな言動が気になって「あれも嫌い」「これもイヤだ」とイライラがとまらなくなります。**いつでもイライラしていれば、やがて相手への愛情がなくなっていっても仕方はありません。**好きな相手と愛し合って結婚したはずなのに、「日常生活が続いていくうちに、いつのまにか気持ちが冷めてしまっていた」ということにもなりかねないのです。

冷めてしまった相手への気持ちをあたため直すとっておきの方法

もしも、好きだったはずの相手への気持ちが冷めてしまったとき、その気持ちをあたため直すには、どのような方法があるでしょうか。

じつは、恋愛や結婚に減点法を用いてしまう人には、対処法があります。それは、「相手を加点法で考えるようにする」というとてもシンプルなものです。

減点法をしてしまうクセがある人は、相手に過剰な期待をしてしまう傾向があります。「なぜ、もっと〜」「どうして、もっと〜」と相手に期待するからイライラして、愛情が冷めてしまうのです。

期待することをやめるには、加点法で考えるようにするのが唯一の近道です。

具体的には、**朝起きたら相手への期待をリセットする**ことです。

昨日までのトータルの点で考えた場合、その時点で相手の得点が大幅にマイナスに寄った点数であれば、今日だけ相手がいいことをしたくらいではプラスに転じることはないでしょう。

その点、**毎朝、相手への期待をゼロにリセットすれば、今日の相手の「ちょっといい言動」はすべて加点となります。**

たとえば、朝起きて彼がコーヒーをいれてくれたら、それは加点になります。**加点と思えば「ありがとう。うれしいな」の言葉も自然に出てくるので、二人の雰囲気もハッピーなものになる**という相乗効果が期待できます。

ところが、ここでもし「彼の家だもの。自分でコーヒーをいれるのは当然だよね」とか「いつも私が朝食をつくっているんだから、たまには夫にコーヒーをいれてもらっても罰は当たらないわ」などと思ったら加点はゼロ。「ありがとう」の言葉もないまま、黙ってコーヒーをすするあなたの姿に、彼のほうも少しムッとして朝の空気が微妙なものになるでしょう。

毎日、相手に期待する気持ちをゼロにしてニュートラルな状態で朝を迎えること。そして、相手が何か自分のためにしてくれたら、それはすべて加点と考えること。それが、冷めてしまった相手への気持ちをあたため直す秘訣です。

LESSON 5

試す

酸いも甘いもかみ分けた今、あえて「恋愛」「結婚」に真剣に取り組んでみる

今まで築いてきた数々の人間関係のなかで、いつも誰かに主役を譲ってきたという人は、ここまで頑張ってきた自分をそろそろ主役にするときが来たのではないでしょうか。

もちろんひとりの人生をとことん味わい尽くすのも素敵なことですが、愛する人ができて周りから「よかったね」と祝ってもらえることは、なによりもうれしいことだと思いませんか？　自分自身に「よく頑張ったね」とほめ言葉をかけてあげられるような幸せをつかむのも素晴らしいことです。

そのために、**今、あえて恋愛や結婚に真剣に取り組む時間をつくってもいいのではないかと思うのです。**

年齢を重ねると少しずつ失われていくものもありますが、その分、多くの精神的なことを得ていくようになります。人として成熟していこうとするタイミングで、**本気で恋愛や結婚に向けて頑張った時期がある人と、ただなんとなく過ごし**

た人とでは、その後の満足度や生き方が大きく変わるでしょう。

本書では、出会いの広げ方から恋愛の進め方、幸せな結婚の迎え方などについて、「どうしたらもっと役に立つようなことを伝えられるか」を考え、取材をし、まとめました。

大人の魅力になるようなティップスをたくさん詰め込んだつもりですが、ときとして理屈っぽい書きぶりになっていると感じた部分もあるかもしれません。

そこで最後に、ロマンチックな実験結果をご紹介して終わりにしたいと思います。実験のテーマは「ひとめぼれ」に関するものです。

「ひとめぼれ」から結婚にいたる確率は、なんと50%!

アメリカの心理学者、アール・ナウマン博士の実験は、1495人の男女を対象にアンケート調査を行いました。その結果、女性は56%、男性は62%が、それぞれひとめぼれを経験していたことがわかりました。

ナウマン博士のひとめぼれの定義は「1時間以内に恋心をいだくこと」。したがって、半数以上の男女が、新しい出会いがあって相手の見た目をチェック、その後に会話をすることで恋に落ちたことを意味することになるでしょう。

驚いたのは、ひとめぼれを経験したことのある人たちの55%が、ひとめぼれをした相手と結婚にいたっていたこと。しかも、ひとめぼれで結婚したカップルのうち、76%は今も結婚生活が続いているといいます。

結婚したカップルの半数以上が離婚をすると言われるアメリカにおいて、**ひと**

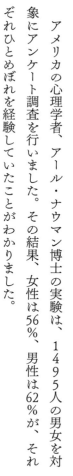

めぼれをした人の2人に1人はその相手と結婚し、80%近くは結婚生活を続けているとなると、ひとめぼれのパワーを信じたくなると思いませんか？

恋愛や結婚は、いくつになっても、いつからでもはじめられることに間違いはありません。自分の直感を頼りに、ひとめぼれからはじまる恋愛や結婚の可能性を信じてみるのも悪くないことと言えそうです。

EPILOGUE

本書は、今よりもっと幸せになりたい人や、これから満足のいく毎日を過ごしていきたい人に、前に進む勇気を持っていただきたいという気持ちで書きました。あなたにとってかけがえのない人生のストーリーを、自分自身が主人公になって歩んでいってほしいと願っています。

あなたが今のあなたで存在していることには、きちんとした意味があることです。

だから、あなたは今のあなたのままでもおおむね大丈夫。ただ、本書をきっかけに、今のあなたがもっと魅力的な自分になれるのだとしたら、今よりもっと素敵な世界が見えてくると思いませんか？

年齢を重ね、将来の自分を考えることが、怖いことでも不安なことでもなく、希望に満ちているようなワクワクすることでいっぱいだとしたら、これから年齢を重ねていくことに前向きになれると思いませんか？

この先どれだけ年齢を重ねていこうとも、自分を卑下する必要はありません。もちろん、その反対に男性にマウントをとったり、攻撃的になったりする意味もないでしょう。

男性の経済力に頼るのではなく、女性自身がキャリアだけでなく恋愛や結婚という経験も積み、バランスをとりながら軽やかに生きていく時代が来ています。

そのためにも、大人の女性としての矜持とプライドを持って、堂々と生きていくことが大切です。それが、男性からはたまらなく魅力的に映るのです。

本書を読んでいただいたことが、そんなふうに魅力的な女性として年齢を重ねていくきっかけになったとしたら、心からうれしく思います。

森川友義

参考文献

◎『村上さんのところ』村上春樹（著）／新潮社

◎『すべての女性が30歳までに知っておきたい30のこと』パメラ・レッドモンド・サトラン（著）、グラムール編集部（著）、鳴海 深雪（翻訳）／CCCメディアハウス

◎国立社会保障・人口問題研究所の出生動向基本調査『第14回出生動向基本調査』

◎『国際結婚　～多言語化する家族とアイデンティティ～』河原俊昭（著）、岡戸浩子（著）／明石書店

Profile

森川友義

もりかわ・とものり

早稲田大学国際教養学部教授。政治学博士（Ph.D.）。1955年12月21日、群馬県生まれ。早稲田大学政治経済学部政治学科卒、ボストン大学政治学修士号、オレゴン大学政治学博士号取得。国連開発計画、国際農業開発基金、アイダホ州立ルイスクラーク大学助教、オレゴン大学客員准教授等を経て、現職に至る。恋愛を学問的に分析する『恋愛学』を確立し全国で講演中。著書は『一目惚れの科学』（ディスカヴァー・トゥエンティワン）、『結婚は4人目以降で決めよ』（新潮文庫）、『大人の「不倫学」』（宝島社）、『恋愛学で読みとく文豪の恋』（光文社新書）等多数。

book design

HOLON

恋愛・結婚でうまくいっている人の
5つの習慣
行列ができる恋愛学講座で教える「大人女子」のためのレッスン

第1刷　2021年10月31日

著者
森川友義

編集協力
山口佐知子

発行者
小宮英行

発行所
株式会社徳間書店
〒141-8202 東京都品川区上大崎3-1-1 目黒セントラルスクエア
電話　編集(03)5403-4350 ／ 販売(049)293-5521
振替　00140-0-44392

本文印刷・製本
中央精版印刷株式会社

カバー印刷
近代美術株式会社

ISBN 978-4-19-865370-5

Happiness is always decided
by one's own heart.

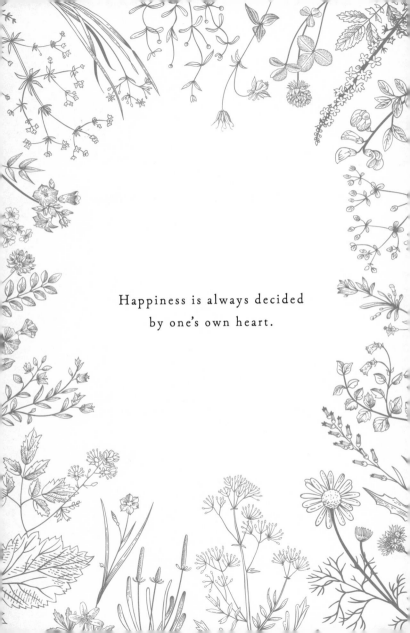